AF217582

Tucholsky Wagner Zola Scott Sydow Freud Schlegel
Turgenev Wallace Fonatne
Twain Walther von der Vogelweide Fouqué Friedrich II. von Preußen
Weber Freiligrath Frey
Fechner Fichte Weiße Rose von Fallersleben Kant Ernst Richthofen Frommel
Hölderlin
Fehrs Engels Fielding Eichendorff Tacitus Dumas
Faber Flaubert
Maximilian I. von Habsburg Fock Eliasberg Zweig Ebner Eschenbach
Feuerbach Ewald Eliot Vergil
Goethe Elisabeth von Österreich London
Mendelssohn Balzac Shakespeare Dostojewski Ganghofer
Trackl Lichtenberg Rathenau Doyle Gjellerup
Mommsen Stevenson Tolstoi Lenz Hambruch Droste-Hülshoff
Thoma Hanrieder
Dach Verne von Arnim Hägele Hauff Humboldt
Reuter Rousseau Hagen
Karrillon Garschin Hauptmann Gautier
Damaschke Defoe Hebbel Baudelaire
Descartes Hegel Kussmaul Herder
Wolfram von Eschenbach Schopenhauer Rilke George
Bronner Darwin Melville Grimm Jerome
Campe Horváth Aristoteles Bebel Proust
Bismarck Vigny Barlach Voltaire Federer Herodot
Gengenbach Heine
Storm Casanova Tersteegen Grillparzer Georgy
Chamberlain Lessing Langbein Gilm Gryphius
Brentano Lafontaine
Strachwitz Claudius Schiller Kralik Iffland Sokrates
Katharina II. von Rußland Bellamy Schilling
Gerstäcker Raabe Gibbon Tschechow
Löns Hesse Hoffmann Gogol Wilde Gleim Vulpius
Luther Heym Hofmannsthal Klee Hölty Morgenstern
Roth Heyse Klopstock Kleist Goedicke
Luxemburg Puschkin Homer
La Roche Horaz Mörike Musil
Machiavelli Kierkegaard Kraft Kraus
Navarra Aurel Musset
Lamprecht Kind Kirchhoff Hugo Moltke
Nestroy Marie de France
Laotse Ipsen Liebknecht
Nietzsche Nansen
Marx Lassalle Gorki Ringelnatz
von Ossietzky Klett Leibniz
May vom Stein Lawrence Irving
Petalozzi Knigge
Platon Pückler Michelangelo Kock Kafka
Sachs Poe Liebermann Korolenko
de Sade Praetorius Mistral Zetkin

Spaziergänge eines Wiener Poeten

Anastasius Grün

Impressum

Autor: Anastasius Grün
Umschlagkonzept: toepferschumann, Berlin

Verlag: tredition GmbH, Hamburg
ISBN: 978-3-8424-9015-4
Printed in Germany

Text der Originalausgabe

Anastasius Grün.

Spaziergänge eines Wiener Poeten.

Sämtliche Werke
Herausgegeben von Anton Schlossar
Leipzig o. J. [1907]
Band V

An Ludwig Uhland.

(*Zur ersten Auflage.*)

Für ein Volk getreu und bieder,
Für ein schönes, freies Recht
Kämpften heiß einst deine Lieder,
Kühn, wie Helden im Gefecht.

Wem der Sieg durch Waffen glückte,
Nicht allein sei Held genannt!
Jüngst an deinem Herde drückte
Mir wohl auch ein Held die Hand.

Jeder ficht mit eigner Wehre,
Priester kämpft mit dem Brevier,
Krieger mit dem Schwert und Speere,
Mit Gesang und Reimen wir.

Drum sind dir nicht fremd die Lieder,
Die ich sang von grünen Höhn,
Für ein Volk, das treu und bieder,
Für ein Rechte das frei und schön!

Berge sind emporgeschwollen,
Tausend Bäch' und Ströme ziehn,
Land und Fluren endlos rollen
Zwischen mir und dir dahin!

In des Waldes grünen Gängen
Las manch zarten Zweig ich aus,
Manche Ros' auf Alpenhängen,
Und ein Kränzlein wand ich draus.

Gern mit liebevollen Händen
Bänd' ich's fest an einen Pfeil,
Durch die Luft ihn dir zu senden!
Doch so weit fliegt selbst kein Pfeil.

Einer Taube wollt' ich's schlingen
Um das weiße Hälschen gern;
Doch bald sänken ihr die Schwingen,

Denn das Ziel ist allzufern!

Und von Ungeduld ergriffen
Schlendr' ich's selber durch die Luft!
Leicht zu dir hin seh' ich's schiffen
Über Strom, Gebirge und Kluft! – –

Sieh, es kehrte ein Sieger wieder
Heim bei stiller Abendruh',
Bald die müden Augenlider
Schloß ihm süßer Schlummer zu.

Doch des Morgens drauf, erwachend,
Einen Kranz er vor sich fand
Grün und duftig, frisch und lachend,
Wie von unsichtbarer Hand!

Als er lauscht, sein Haupt erhebend,
Flöt' und Saitenspiel begann,
Unsichtbarem Ort entschwebend,
Süß und lieblich, himmelan!

Wer solch Fest von all den Lieben
Ihm ersann, nicht ahnt er's zwar;
Doch ins Herz ihm ist's geschrieben:
Daß es wohl die Liebe war. –

So auch hörst Gesang du schallen,
Kennst doch nicht den Mund, der singt;
Siehst den Kranz auch niederfallen,
Doch die Hand nicht, die ihn bringt;

Ahnst aus allen, die dich lieben,
Leise kaum den Rechten zwar;
Doch ins Herz dir ist's geschrieben:
Daß gewiß die Lieb' es war!

Wien, im Frühling 1831.

Einem jungen Freunde.

(Zur siebente Auflage.)

Noch als ein junges Bürschlein zog
Dein Vater, – jetzt in Silberhaaren, –
Als dieses Liederbuch vor Jahren
Zum erstenmal ins Weite flog.
Das klang wie Schwertschlag auf den Schild,
Da, aus dem Schlummer aufgerüttelt,
Hat mancher arg das Haupt geschüttelt:
»Wie weit voraus, wie rasch und wild!«

Du bist so jung, wie damals wir,
Dein Antlitz blüht, dein Aug' ist helle;
Heut schwingt mein Lied an deiner Schwelle
In neuem Kleid sein alt Panier.
Das rauscht dir fremd und wundersam;
Die Blätter seh' ich dich durchfliegen,
Dein freundlich Haupt bedenklich wiegen:
»Wie weit zurück, wie mild und zahm!«

Ich blick' ins Aug' dem eignen Lied:
Ach, wie die Zeit in stillem Gange
Auch Liedern bleicht Gelock und Wange
Und Furchen in ihr Antlitz zieht!
Fremd sieht's mich an und doch vertraut,
Ein Kind, das längst zum Manne reifte
Und eignen Pfads die Welt durchschweifte,
Doch trägt's des Vaters Zug und Laut.

Und Beßres noch! Im Busen tief,
Was heute dich und mich vereine:
Den deutschen Herzschlag, wie der deine,
Den Morgenruf, den einst es rief,
Den Glauben an des Geistes Hort,
Zu neuen Flammen alte Liebe,
Zu neuem Kampf die alten Hiebe,
In Lust und Weh ein Manneswort!

Das deutsche Wort auf Östreichs Mund,
Die deutsche Tat in Östreichs Herzen!
So wird es leis und lind verschmerzen,
Wovon ihm noch die Seele wund.
Was hilft's, daß Geister wir gebannt
Und edle Schatten jetzt verschrieben?
Zu spät! Nur Schatten sind's! Wo blieben
Theresens Blick und Josefs Hand?

Nicht was da badert, salbt und kerbt
Im Tagwerk heut, schließt alte Wunden
Und macht das kranke Blut gesunden
Vom Ahn auf Enkelreihn vererbt;
Nicht das Gewürm, das heut uns sticht,
Die Flattrer nicht um unsre Zinnen,
Jahrhunderte voll Mühsal spinnen
Der Völker Los und letzt Gericht.

Aus ihren Schleiern läßt die Zeit
Im Fürstenkreis ein Mönchbild ragen,
Zu Worms sein mahnend Wort zu sagen:
»Nur Heil dem Geiste, der befreit!«
Weit leuchtend in des Sehers Hand
Ein funkelnd Kleinod seh' ich blinken,
Wie einer Krone goldne Zinken,
Der jenes Wort umsäumt den Rand.

Die alte Römerkron' ist's nicht,
Der Schmuck und Sold in röm'scher Frone,
Nein, Deutschlands stolze Zukunftskrone,
Die eignem Sieg das Volk einst flicht! –
Ein Deutsch, wie jenes Mahnwort spricht,
Der span'sche Karl hat's nicht verstanden,
Nicht andre, die nach ihm sich fanden,
Ihr Enkel trägt *die* Krone nicht.

Wir kämpften nicht den heil'gen Krieg,
Ein schöner Kranz blieb uns entzogen;
Doch rauscht' auch uns in Freudenwogen
Durchs deutsche Herz der deutsche Sieg.
Auch unser blieb, was er errang,

Die Sterne, deren Licht uns lenke,
Die Quellen, deren Born uns tränke,
In hellerm Glanz, in vollerm Klang!

Das Schwert durchschnitt das Tischtuch leicht,
Ein schmollend Brüderpaar zu scheiden;
Den Marmortisch kann's nicht durchschneiden,
Darüber sich's die Hand gereicht.
Nicht unterm Grenzstein gräbst du ein
Das schöne Heim, das du besessen,
Wie ihrer Wiege längst vergessen
Die stille Muschel dort im Schrein.

Die Muschel dort? Was sie verlor,
Ob sie vergaß der früherm Tage?
Ei, frag sie selbst, daß sie dir's sage!
Die Schnecke hielt ich an mein Ohr,
Da wallt's heran aus Fernen weit,
Ich hör' es branden, orgeln, sausen,
Und mich umrauscht im Wogenbrausen
Des Weltmeers ganze Herrlichkeit.

Im März 1876

Spaziergänge.

Aus der dumpfen Siechenstube nach den frischen grünen Hainen
Läßt der Kranke gern sich leiten von den liebevollen Seinen,
Daß er dort ins Gras sich lagre, Kraft und neuen Glanz sein Auge,
Seine Seele Mut und Hoffnung aus dem Grün der Wiesen sauge.

Aus dem Finstern an die Sonne wird geführt der arme Blinde,
Ach, daß nur ein Funke Lichtes Zugang in sein Dunkel finde!
Die versiegten Augenhöhlen glühen dann gleich Flammenbronnen,
Wie zwei runde Purpurrosen, wie zwei große rote Sonnen.

Wenn der Wächter dem Gefangnen einen Festtag will bereiten,
Aus dem Kerker auf ein Stündchen läßt er an die Luft ihn schreiten,
Daß er seh', wie sie der Freiheit auf der Welt viel Raum noch gönnen,
Da die Wolken frei noch segeln, frei die Vögel singen können!

Also bin auch ich gestiegen auf der Hügel sonn'ge Rücken,
Wenn's wie Nacht der Blindheit unten dunkelte vor meinen Blicken,
Also sucht' ich freie Bergluft, wenn ich Kerkerluft gewittert,
Und das Grün, der Hoffnung Farbe, wenn mein Herz krank und zersplittert.

In der Stadt, darin ich wohne, gibt's viel Klöster und Kasernen,
Ries'ge Aktenarsenale, Dome ragend zu den Sternen,
Und dazwischen kleine Männlein, rufend im Triumphestone:
Seht, wir sind die Weltregierer, wir mit Canon und Kanone!

So geschieht's denn, daß die Glocken brüllen allzugrell bisweilen,
Daß zu stark die einen trommeln, und zu laut die andern heulen,
Daß der Dampf der Weihrauchfässer allzudick die Luft verhül-

le;
O dann such' ich auf den Bergen Licht und frische Luft und Stille.

So läßt vieles leicht sich tragen, was zu Boden könnte pressen,
Wenn man nur für gute Sohlen nicht zu sorgen hat vergessen,
Wenn der Lenker der Gestirne mir des Herzens schlicht Begehren,
Nur das wen'ge, drum ich flehe, wie bisher, noch will gewähren:

Daß er fest und aufrecht wandeln, nicht am Krückenstab mich humpeln,
Daß er nicht die schönen Berge übern Haufen lasse rumpeln,
Daß er seines Schöpferodems einen Hauch fortan mir borgen
Und ein bißchen frische Bergluft, Sonnenschein und Grün besorge.

Frühlingsgedanken.

Fern der Stadt, auf einem Hügel, saß ich unterm grünen Baum,
Der mir säuselnd um die Schläfen spielte, wie ein Früh-
lingstraum,
Frei die Blicke ließ ich schweifen über Felder, Höh'n und Wald,
Bis die fernen, blauen Berge ihnen höhnend riefen: Halt!

Sieh, da nahmen die Gedanken ihren leichten Wanderstab,
Schritten über jene Berge, – jenseits in das Tal hinab, –
Schritten fort unaufgehalten, über neue Bergeswand,
Und sie sah'n, soweit sie wallten, ringsum schönes, reiches
Land!

Herrscher dieses schönen Landes, säßest du statt meiner hier!
Säuselten, wie Frühlingsträume, um das Haupt die Zweige dir!
Riefst du in das Tal hernieder, wie ich's gerne rufen mag:
Österreich, du Land des Ostens, auch in dir nun werd' es Tag! –

Vaterland, von Gott gesegnet also reich mit jeder Lust,
Daß für dich der Überreiche andre fast enterben mußt'!
O entrolle mir die Bücher deiner Taten, inhaltschwer!
Solche Saat muß stehn voll Garben, voll von Perlen solch ein
Meer!

Wohl hast du dir großen Taten – deiner Söhne Stolz und Mut! –
Wie gediegnes Gold gesammelt, schreitend durch der Zeiten
Flut?
Sicherlich baust du am Dom hoher Kunst und Wissenschaft,
Daß er deiner würdig rage, rüstig fort mit Jugendkraft?

Wo das Blut floß deines Volkes, standen in der Schlachtenreih'
Recht und Licht und Freiheit immer dir als Waffenbrüder bei?
Stets war deiner Kämpfe Losung edel und gerecht gewiß? –
Mir im Aug' steht eine Träne! – ach, die Antwort ist nicht süß! –

Ebnes Land liegt mir zu Füßen, wie ein stilles grünes Meer,
Weit hinaus, wie Möwen, kreisen meine Blicke drüber her;
Gleichwie schmale lichte Furchen, die durchs Meer die Schiffe
ziehn,

Schlängeln Donaustrom und Straßen sich als Silberstreifen hin.

Rings empor als inselreicher, stolzer Archipelagus
Ragen Dörfer, Schlösser, Städte, blinkend wie aus Silberguß,
Doch vor allen groß und mächtig ragt ein Eiland aus dem Meer,
Dem als Tannenwald die Stirne krönt gewalt'ger Türme Heer.

Wien, du bist's, Stadt der Cäsaren! – Doch wie dünkst du jetzt
mir klein!
Selbst ein Meer sonst meinem Auge, schrumpfst du nun zur
Insel ein!
Riesenwerk, dran müd' sich bauend, rastlos ein Jahrtausend
stand,
Sieh nun deine ganze Größe leicht bedeckt von meiner Hand!

Dreimal hunderttausend Brüder träumen dort des Lebens
Traum!
Dreimal hunderttausend Herzen schlagen in dem engen Raum!
Draus Entwürfe, weltbewegend, erderschütternd, sind gewallt!
Draus gewandelt manche Botschaft, deren Klang die Welt
durchhallt!

Aber waren's stets Entwürfe, die das Recht, das Licht gebar?
Schwangen das Panier der Wahrheit jene Boten immerdar? –
Dir, mein Herz, so heimatglühend, fällt die Antwort wohl nicht
schwer?
Wahrlich, ich versteh' dein Schweigen, ach, und frage nimmer-
mehr!

Prangend über jedem Stadttor stehn die Wappen unsers Lands,
Flinke Lerchen, stolze Adler, in Metall und Marmorglanz;
O ihr mächt'gen, weisen Männer, fiel' es euch doch endlich ein,
Lerch' und Adler auch zu pflanzen in die Herzen tief hinein!

Schickt hinaus dann eure Boten; da wird rings es leicht erkannt,
Daß sie aus der Lerchenheimat, aus dem Adlerhorst entsandt!
Ihre Botschaft wird wie Lerchen sich der Morgenröte freun,
Und wie freie Königsadler nicht das Licht der Sonne scheun.

Salonszene.

Abend ist's; die Girandolen flammen im geschmückten Saal,
Im Kristall der hohen Spiegel quillt vertausendfacht ihr Strahl,
In dem Glanzmeer rings bewegen, schwebend fast und feierlich,
Altehrwürdige Matronen, junge schöne Damen sich.

Und dazwischen ziehn gemessen, schmuck im Glanze des Ornats,
Hier des Krieges rauhe Söhne, Friedensdiener dort des Staats,
Aber einen seh' ich wandeln, jeder Blick folgt seiner Bahn,
Doch nur wenig der Erkornen sind's, die's wagen, ihm zu nahn.

Er ist's, der das rüst'ge Prachtschiff Austria am Steuer lenkt,
Er, der im Kongreß der Fürsten für sie handelt, für sie denkt;
Doch seht jetzt ihn! wie bescheiden, wie so artig, wie so fein!
Wie manierlich gegen alle, höflich gegen groß und klein!

Seines Kleides Sterne funkeln karg und lässig fast im Licht,
Aber freundlich mildes Lächeln schwebt ihm stets ums Angesicht,
Wenn von einem schönen Busen Rosenblätter jetzt er pflückt,
Oder wenn, wie welke Blumen, Königreiche er zerstückt.

Gleich bezaubernd klingt's, wenn zierlich goldne Locken jetzt er
preist,
Oder wenn er Königskronen von gesalbten Häuptern reißt;
Ja fast dünkt's mich Himmelswonne, die den sel'gen Mann
beglückt,
Den sein Wort auf Elbas Felsen, den's in Munkats' Kerker
schickt!

Könnt' Europa jetzt ihn sehen, so verbindlich, so galant,
Wie der Kirche frommer Priester, wie der Mann im Kriegsgewand,
Wie des Staats besternter Diener ganz von seiner Huld beglückt;
Und die Damen, alt' und junge, erst bezaubert und entzückt.

Mann des Staates, Mann des Rates! da du just bei Laune bist,

Da du gegen alle gnädig überaus zu dieser Frist;
Sieh, vor deiner Türe draußen harrt ein dürftiger Klient,
Der durch Winke deiner Gnade hochbeglückt zu werden
brennt.

Brauchst dich nicht vor ihm zu fürchten; er ist artig und ge-
scheit,
Trägt auch keinen Dolch verborgen unter seinem schlichten
Kleid;
Östreichs Volk ist's, ehrlich, offen, wohlerzogen auch und fein,
Sieh, es fleht ganz artig: Dürft' ich wohl so frei sein, frei zu sein?

Priester und Pfaffe.

Stoß ins Horn, Herold des Krieges: Zu den Waffen, zu den Waffen!
Kampf und Krieg der argen Horde heuchlerischer dummer Pfaffen!
Aber Friede, Gottesfriede, mit der frommen Priesterschar,
Frieden ihrem Segensamte, Ehrfurcht ihrem Weihaltar!

Priester sind's, die's bittre Sterben uns mit Wundertrost versüßen,
Pfaffen sind's, die's süße Leben bitter uns zu machen wissen;
Priesterherz, o See voll Klarheit, der den Himmel spiegelnd hält,
Pfaffenseele, ekle Pfütze, füllend dich vom Kot der Welt!

Priester gleicht der treuen Dogge, die uns Haus und Hof beschützte,
Pfaff' ist Fuchs, der nachts die Hühner aus dem Stall uns wegstibitzte;
Priester ist ein Markuslöwe, der das Evangelium wahrt,
Pfaff' ist eine Tigerkatze, jener Gattung schlechtre Art. –

Priester! – hui, du kräft'ge Zeder, frei das Haupt zum Himmel kehrend!
Pfaffe! pfui, du üppig Schlingkraut, frech von fremdem Marke zehrend!
Religion! – der Priester huldigt weihevoll dem Götterweib!
Doch der Pfaff' umschlingt im Taumel einer Gassendirne Leib!

Einst von Gott erbaten Priester wohl die Sonne für die Erde,
Daß der Tag, der schöne helle, schöner noch und heller werde!
Doch des Monds, der Stern' Erlöschen flehten Pfaffen stets herbei,
Daß die Nacht, die schwarze finstre, schwärzer noch und finstrer sei!

Disteln wuchern auch in Östreich, wie ein jedes Land sie brütet,
Reben blühn und glühn in Östreich, wie nicht jedes Land sie bietet;
Bombardiert mit Distelköpfen frisch die Pfaffen aus dem Land!

Nehmt ein Glas des besten Weines auf der Priester Wohl zur Hand!

Die Dicken und die Dünnen.

Fünfzig Jahre sind's, da riefen unsre Eltern zu den Waffen:
Krieg und Kampf den dicken, plumpen, kugelrunden, feisten
Pfaffen!
Auch in Waffen stehn wir Enkel; jetzt doch muß die Losung
sein:
Krieg und Kampf den dünnen, magern, spindelhagern Pfäf-
felein!

Aber wo gab's größre Arbeit, welcher Kampf bot mehr Gefah-
ren?
Wo galt's fester auszudauern, wo galt's klüger sich zu wahren?
Lauthin schnaubt die plumpe Wildsau, wenn sie durch das
Dickicht keucht,
Aber leise kriecht die Viper, die nach deinen Fersen schleicht!

Einst verschnarchten dicke Pfaffen ganze Tag' in süßem Schläf-
lein,
Jetzt doch liegen auf der Lauer immer wach die dünnen Pfäff-
lein;
Jene brüllten ihre Inbrunst heulend in die Welt hinein,
Diese winseln ihren Jammer, Katern gleich im März, so fein.

Mächt'gen, schweren Folianten glichen einstens jene Dicken,
»Allgemeines großes Kochbuch« stand als Inschrift auf dem
Rücken;
Einem schmalen kleinen Büchlein sind die Dünnen gleich, für-
wahr,
»Kurzgefaßte Gaunerstücklein« beut das Titelblatt euch dar.

Mit der Grobheit und der Dummheit hattet einst den Kampf, ihr
Alten,
Doch der Artigkeit und Schlauheit müssen wir die Stange hal-
ten!
Einstens rannten euch die Dicken mit dem Wanst die Türen ein,
Doch es kriechen jetzt die Dünnen uns durchs Schlüsselloch
herein.

Längst schon hat ein tapfrer Ritter kühn der Dicken Heer ge-

bändigt,
Und als goldner Stern des Tages jene finstre Nacht geendigt,
Josef hieß der Stern und Ritter! Wien, du kannst sein Denkmal
sehn,
Ach und will denn gen die Dünnen nimmer solch ein Held
erstehn?

O so steigt ihr Dicken wieder lebend aus der Todesurne!
Doch mit altem gutem Magen! Werdet christliche Saturne!
Und verschlingt den magern Nachwuchs, o dann sind wir bei-
der los,
Denn nicht lange mehr kann leben, wer solch gift'ge Kost ge-
noß!

Mauthkordon.

Unser Land, wohl ist's ein Garten; doch der Gärtner, sorgenvoll,
Zog ein starres Eisengitter, das ihn rings verschließen soll;
Doch auch draußen wohnen Leute, solch ein Garten lockt herein!
Wer sich freut an schönen Fluren, kann der schlimmste Gast
nicht sein!

Schwarz und gelbe Schranken halten unsre Grenzen rings umspannt,
Schergenwacht und Mauthner hüten so bei Tag und Nacht das
Land,
Sitzen untertags vorm Zollhaus, liegen nachts im feuchten Gras,
Still und lauschend auf dem Bauche, spähend rings ohn' Unterlaß.

Daß sich ja kein fremder Krämer, fremder Knaster, fremder
Wein,
Fremde Seide, fremde Linnen schleichen in das Land herein!
Daß *ein* arger Gast vor allen unsern Grund betrete nicht:
Der Gedanke, der entsprossen fremdem Boden, fremdem Licht!

Endlich wird's den Wächtern bange, wenn die Geisterstunde
kreist,
Denn in unserm guten Lande graut es manchem vor dem Geist;
Kalt und schneidend weht die Nachtluft, Mattheit rieselt durchs
Gebein,
In die Schenke ziehn die Wächter, Herz und Leib erquickt der
Wein!

Sieh, da tauchen aus den Büschen, aus den Nebeln rings der
Nacht,
Männer, schwere Last am Rücken, Karren, schwer von reicher
Fracht.
Leise, wie die Nebel, schleichen sie die fahlen Steg' entlang,
Sieh, da wallt auch der Gedanke seiner Sendung heil'gen Gang.

Mit den Schmugglern muß er reisen, – er versteckt und hehlt
doch nichts!

Mit den dunkeln Nebeln schleichen, – er, der Sohn des Tags
und Lichts! –
O heraus, ihr durst'gen Zecher! Müde Wächter, flink herbei!
Stellt euch auf in blanken Waffen, schnurgerad in Glied und
Reih'!

Präsentieret die Gewehre, senkt die Fahne feierlich!
Laßt die Trommeln fröhlich wirbeln, und die Schranke öffne
sich!
Daß mit grüner Palme siegreich, stolz und frei im Lichtgewand,
Leuchtend der Gedanke wandle in das gastlich schöne Land!

Dem Zensor.

Manchen Priester kennt die Sage, der ein Held genannt mit Fug,
Durch die Welt das Wort der Wahrheit kühn und unaufhaltsam trug,
Der im Königssaal gerufen: Pfui, ich wittre Kerkerluft!
Und es manch' besterntem Heuchler laut gesagt: Du bist ein Schuft!

Wär ich solche ein Held der Wahrheit, mit dem Mönchkleid angetan,
Alsbald an des Zensors Wohnung trieb es mich zu pochen an;
Und ich spräche zu dem Manne: »Erzschelm, sink aufs Knie zur Stell'!
Denn du bist ein großer Sünder, beichte und bekenne schnell!«

Und ich hör' es schon im Geiste, wie er drauf in Unschuld spricht:
Ihr' Ehrwürden sind im Irrtum! der Gesuchte bin ich nicht!
Ich versäume keine Messe, Amt und Pflicht verseh' ich gut!
Bin kein Hurer, Gotteslästrer, Mörder, Dieb, ungläub'ger Jud'!

Doch aus mir dann bräche flammend der Begeistrung Glut hervor,
Wie durch Berg und Kluft der Donner dröhnt' ihm meine Stimm' ans Ohr;
Jeder Blick entflöge tötend ihm als Pfeil ins Herz hinein,
Jedes Wort, es müßt' ein Hammer, der ihn ganz zermalme, sein:

»Ja, du bist ein blinder Jude! denn du hast's noch nicht erkannt,
Daß des Geistes Freiheit glorreich als Messias uns erstand!
Ja, du bist ein blut'ger Mörder! doppelt arg und doppelt dreist!
Nur die Leiber tötet jener, doch du mordest auch den Geist!

Ja, du bist ein Dieb, ein arger, oder noch viel schlimmer,

traun!

Obst vom Baum bei Nacht zu stehlen, schwingt sich jener
übern Zaun;

In des Menschengeistes Garten schadenfroh mit *einem* Streich,

Willst den ganzen Baum du fällen, Blüte, Laub und Frucht
zugleich!

Ja, du bist ein Ehebrecher! doch an Schande doppelt reich!

Jener glüht und flammt fürs Schöne, blüht's in fremdem Gar-
ten gleich;

Für die schöne, stolze Sünde ist dein Herz zu klein, zu schmal!

Und der Nacht und Nebel Dirne, die nur ist dein Ideal!

Ja, du bist ein Gotteslästrer, oder ärger noch, bei Gott!

Tote Holz- und Marmorbilder schlägt in Trümmer frech sein
Spott!

Deine Hand doch ist's, die ruchlos das lebend'ge Bild zer-
schlägt!

Das nach Gottes heil'gem Stempel Menschengeist hat ausge-
prägt!

Ja, du bist ein großer Sünder! – Frei läßt irdisch Recht dich
gehn,

Doch in deinem Busen drinnen Rad und Galgen mußt du
sehn,

An die Brust drum schlage reuig, und dein Knie, es beuge
sich!

Tue Buß'! Aufs Haupt streu Asche! Zieh dahin und bessre
dich!«

»Naderer da!«

In des Wirtes Gartenlaube saß ich sinnend ganz allein,
Rings um mich des Dörfleins Giebel blinkten hell im Sonnen-
schein,
Frühlingswind zog übers Saatfeld, daß es grüne Wogen rollt',
Und die nahen Rebenhügel standen glänzend ganz in Gold.

Wie das Auge jener Holden, die ich einst so heiß geliebt,
Blaute drüber hin der Himmel, wolkenlos und ungetrübt,
Und er sah auch mir ins Auge, drang mir bis ins Herz hinein,
Daß auch drin es Himmel wurde, heiter, wolkenlos und rein!

Übers Haupt mir spannten kühlend dichte Zweig' ihr grünes
Zelt,
Sorgsam hat mit edler Labung mir den Tisch der Wirt bestellt;
Weißes Brot, das jene Saaten dargebracht als reichen Zoll,
Süßer goldner Wein, der saftig einst von jenen Hügeln quoll!

Und des Waldes duft'ge Beeren, runde Kirschen, purpurrot,
Die mich fast wie Küsse mahnten, die das schöne Land mir
bot,
Wenn nicht eine süßre Botin eben dort trät' aus dem Haus;
Doch die schöne Schelmin richtet ihre Botschaft mir nicht aus!

Selig wie des Frühlings Rosen warst du da, mein Herz, er-
blüht,
Heiter, wie des Frühlings Sonne, warst du, Auge, aufgeglüht!
Sieh, da tritt ein Mann, ein fremder, durch die offne Garten-
tür,
Wallt heran zu meiner Laube, setzt sich an den Tisch zu mir.

O ihr fernen, sel'gen Brüder, die ihr wohnt in freierm Land,
Rasch und froh dem neuen Gaste hättet ihr gedrückt die
Hand,
Und willkommen ihn geheißen, mitzutrinken euern Wein,
Festgenosse all des Glanzes rings und Reichtums euch zu
sein!

Aber ach, ich dachte bange, als der fremde Mann genaht:
Ist es nicht vielleicht ein Diener unsrer finstern Hermandad,

Der da lauert auf Gedanken, wie im Forst der Wilddieb
lauscht,
Ob kein Hirsch, kein allzu freier, arglos aus dem Busch nicht
rauscht?

Der da spähet, was für Blätter meines Geistes Rebe treibt?
Ob des Sprößlings lust'ge Ranke fein am alten Stocke bleibt?
Der da die geheimsten Perlen meines Herzens wühlt empor,
Daß er dann die hellsten werfe den gefräß'gen Schweinen
vor?

Also dacht' ich und verwandelt war mein Wein in Galle schi-
er,
Und des Frühlings Purpurküsse mundeten nun nimmer mir,
Meines Herzens heitre Rosen dorrten ab, verwelkt alsbald,
Und ich sprang empor und stürzte in den öden finstern Wald!

Meine Stirne lehnt' am Baumstamm, und des Auges Träne
rann:
Ach, vielleicht mit bittrem Unrecht kränkt' ich jenen fremden
Mann!
Und vielleicht wohl ist er würdig, daß Vertraun ins Aug' ihm
blickt,
Und des besten Mannes Liebe treu und warm die Hand ihm
drückt!

O ihr Mächt'gen, die mit Arglist Brüder ihr auf Brüder hetzt,
Und dem edelsten der Völker Mißtraun in die Herzen setzt,
Könnt ihr diesem blauen Himmel frei ins freie Auge sehn?
Könnt ihr jenen lichten Fluren, jenen Bergen Rede stehn?

Rings ist Glanz und Tageshelle, aber Nacht ist eure Tat!
Rings ist Offenheit und Freiheit, aber Mißtraun eure Saat!
Wollt ihr unsre Herzen wandeln, o verwandelt erst das Land!
Nimmermehr dann will ich murren, Wunsch und Träne sei
verbannt.

Laßt die frischen grünen Felder öde fahle Heiden sein,
Drauf statt reicher, goldner Saaten Dorn und Unkraut nur
gedeihn!
Setzt ein Volk auf diese Fluren, zwergig, träg und ungestalt,
Statt des starken, schönen, heitren, das sie blühend jetzt

durchwallt!

Starr zu kahlem Krüppelholze sei der Hochwald einge-
schrumpft,
Und der Strom, der blaue schnelle, sei zur Pfütze träg ver-
sumpft!
Jene Kette stolzer Berge sei ein Haufe Schutt und Sand,
Und die graue Distel krieche, wo die Rebe glorreich stand!

Es verhüll ein ew'ger Nebel unsern Himmel, blau und licht!
Solchem Land paßt eure Satzung, doch dem unsern paßt sie
nicht!
Dann trompete euer Herold sie in Nebelnacht hinaus!
Dann entsendet eure Späher hündisch auf die Lauer aus!

Ob kein Hirsch, kein allzu dreister über euren Kirchhof
springt?
Ob nicht allzu freie Ranken in dem Schutt ein Sprößling
schlingt?
Ob nicht allzu helle Perlen jene trübe Pfütze hegt?
Allzuschwer wird er nicht schleppen, an dem Funde, den
erträgt!

Doch, solang das Land noch blühend, saatenreich und früh-
lingsgrün,
Und das Volk gesund und fröhlich, kräftig noch und jugend-
kühn,
Mögt ihr nicht sein Brot vergiften, seine grüne Flur entweihn,
Seinen blauen Himmel trüben und vergällen seinen Wein!

Auf dem Schlachtfeld von Aspern.

Herbstlich über Asperns Fluren schien die Sonne müd' und lau,
Störche schifften schon nach Süden durch der Lüfte ruhig Blau,
Über stille weite Felder schritt ich einsam, unbelauscht,
Und mit mir ein kalter Herbstwind, der durch fahle Stoppeln
rauscht.

Dachte dessen jüngst der Landmann, als er hier die Garben
wand,
Daß in einem Menschenherzen manche ihrer Wurzeln stand?
Denkt der Städter, wenn beim Mahle er sein weißes Brot ge-
nießt,
Daß gedüngt es mit dem Blute eines Heldenbruders ist?

Aus der Lava, die einst glühend vom Vesuv h.erniederquoll,
Blühn, wie Leben aus dem Tode, saft'ge Reben grün und voll;
Doch die ihren Wein einst trinken unter kühlem Laubendach,
Dem Vesuv und seinen Schrecken sinnen sie wohl schwerlich
nach!

Hier auch hat all seine Schrecken ausgetobt einst ein Vulkan,
Blut'ge, glühnde Lavafluten überströmten rings den Plan,
Schwarzer Rauch und Nachtgewölke hüllte tief den Himmel
ein,
Wetterschläge krachten donnernd, Blitze zuckten flammend
drein!

Wie dort am Vesuv die Lava einst manch' heitre Stadt ver-
schlang,
So begrub sie viel der Edlen hier die weite Flur entlang;
Hundert Städte zu beleben, reichte wahrlich ihre Zahl,
Und nicht minder schön glomm ihnen noch des Lebens
sonn'ger Strahl!

Gleich an frommer Kraft und Weisheit jenem edlen Plinius,
Der dort rettend seine Mutter trug durch Nacht und Lavaguß,
Also Karl, du hoher Sieger, trugst du kühn und glorreich da
Aus den Flammen und den Schrecken deine Mutter Austria!

Manch' gewaltiges Jahrhundert schritt schon am Vesuv vorbei;

Sieh, der fernsten Enkel Spaten schlägt der Lava Krust' entzwei,
Und es steigt aus Schutt und Asche eine heitre Stadt ans Licht,
Manch ein Götterbild und Tempel, manch' unsterbliches Gedicht!

Östreichs Herkulanum nenn' ich, ihr Gefilde Asperns, euch!
War' an edlen, heil'gen Schätzen euer Schoß wohl minder reich?
Wahrlich, stieg in eure Tiefen rechten Sinns der rechte Mann,
Bald das Götterbild der Freiheit brächt' er uns ans Licht hinan! –

Wallt dann wieder einst durchs weite reiche Saatgefild mein Fuß,
O dann nickt wohl jede Ähre mit dem Haupt mir heitren Gruß;
Und wie Geisterharfen säuselt's aus den goldnen Halmen leis:
»Nicht umsonst floß unser Herzblut, denn es trug euch schönen Preis!«

Nachtgedanken.

Wenn in stillen Sternennächten Stadt und Land in Schlummer tief,
Und schon längst von Markt und Plätzen sich das laute Volk verlief,
O wie dann mein Fuß so gerne durch die leeren Gassen wallt,
Wo durch ferne, weite Straßen dumpfen Klangs sein Tritt verhallt!

Wie ein großes ödes Schlachtfeld, schweigend liegt die Stadt vor mir,
kleine Leidenschaften fochten ihre kleinen Schlachten hier;
Jetzt doch liegt gebreitet drüber große, stille Totenruh,
Und nur Geister und nur Träume wallen leise ab und zu.

Droben leuchten die Gestirne! Jeder Stern im blauen Raum
Hat sein Menschenherz hier unten, dem er bringe lichten Traum;
Drum wohl tun sie so geschäftig, wenn wir nachts im Schlummer ruhn!
Doch es hat mein Sternlein droben heute wohl nicht viel zu tun? –

Schüttle, Himmel, deine Sterne nieder auf den Erdenball,
Dicht als goldne Saatenkörner in der Schläfer Herzen all!
Daß die blanke Silberblüte lichten Traums am nächsten Tag
Frei als reiche Frucht erwachsen, hell und golden schwellen mag!

Lieblich plätschern dort die Brunnen, silbern steigt des Springquells Pracht,
Rosen und Violen duften von den Fenstern durch die Nacht,
O wie süß dort vom Balkone Nachtigallenlied erschallt!
Fast bedünkt es mich, als wallte fern ich durch den grünen Wald.

Über Quell und Rosen aber, und Viol' und Nachtigall,
Über Domen und Palästen stand des Mondes Strahlenball,
Wie ein leuchtender Gedanke heil'ger Freiheit, licht und klar!

\- \-
O wie schade, jammerschade, daß es rings der einz'ge war!

Wohin!

Eine Schwalbe in den Lüften, die sich nach dem Süden
schwingt,
Eine Kugel, die mit Knalle aus dem Rohr des Schützen
springt,
Wollt' ums Ziel, wohin sie reisen, diese zwei mein Fürwitz
fragen,
Eine schöne, lust'ge Antwort wüßten beide wohl zu sagen.

Männer, die mit finstrem Mißtraun heitre Herzen ihr erfüllt,
Schuldlos Volk in Fesseln schmiedet, lichten Tag in Nacht
verhüllt;
Wollt' an euch dieselbe Frage neubegierig dreist ich wagen,
Wüßtet ihr solch' helle Antwort mir wohl auch darauf zu
sagen?

Wärt ihr nicht so fromm und sittsam, würd' ich fast zum
Wahn gebracht,
Daß verbotner Liebe pflegen, in der selbsterschaffnen
Nacht,
Oder daß ihr wollt im Dunkeln schleichen, Dieben gleich,
nach Beute!
Doch ihr seid ja viel zu heil'ge, viel zu ehrenfeste Leute!

Wärt ihr nicht so klug und weise, schient ihr mir beinah zu
sein
Narren, die Berührung scheuen, gläsern wähnend Steiß und
Bein,
Toren, die den ganzen Frühling aus dem Lande wollen ja-
gen,
Fürchtend, eine Blütenknospe könn' im Fallen sie erschla-
gen!

Wärt ihr nicht so reich und mächtig, sternbesetzt und samt-
bedeckt,
Müßt' ich euch für Bettler halten, die das Tageslicht er-
schreckt,
Weil's durch schlechtgeflickte Fetzen ihre Blößen läßt erbli-

cken,
Oder gar vielleicht als Brandmal einen Pranger auf dem
Rücken!

Sagt's heraus, wohin soll's führen? welches mag das Ziel
euch sein?
Könnt ihr Red' und Antwort stehen? – o beim Himmel, nein,
o nein!
Doch fürwahr, ich kann's statt eurer! Will der Zukunft Bild
entrollen,
Wie ihr's formet, wenn's nicht früher gute Götter wenden
wollen!

Wir sind alle längst gestorben, schlummernd in den Särgen
tief,
Während über unsre Gräber längst ein neu Geschlecht
schon lief,
Offnen Ohrs für Lug der Heuchler, Tagesscheue in den
Blicken,
Für die Lasten seiner Herren gut gebogen seinen Rücken.

Seiner Fürsten Zepter formte sich zum Weihbrunnsprengel
um,
Und ihr Purpur, der verschwärzte sich zum mönchschen
Pallium;
Aus den alten Tagen mochten nur die Weihrauchfässer
bleiben,
Die noch immer, lustig qualmend, obligate Wolken treiben.

Pressen kennt man nicht im Lande, wenn auch Bengel wohl
bekannt,
Und vom Drucke gar weiß niemand, höchstens nur das
Volk und Land;
Gänse haben gute Tage, man berupft nicht ihre Leiber,
Denn ans Schreiben denkt hier niemand, als im Steueramt
die Schreiber.

Am Katheder trägt's der Lehrer schaudernd seinen Schülern
vor:
Wie zwei fürchterliche Inseln ragen nah am Pol empor,
Eine voll von Kannibalen, menschenfressend gleich den

Raben,
Eine andre, wo da wohnen Menschen, die Gedanken haben!

Hie und da nur brennt ein Lämpchen aus der alten bösen
Zeit,
Durch die Nacht hin wälzt sich träge heisrer Glocken
dumpf Geläut;
Aar und Lerchen, unser Wappen, ist von Tor und Turm
geschlagen,
Eul' und Fledermaus statt dessen im Triumph hinaufgetra-
gen.

Horch, was läuten alle Glocken? »Man begräbt den größten
Mann!«
Nennt mir eures Helden Großtat! »Dort, sein Leichenstein
sagt's an:«
»»Traure Welt um diesen Toten! Wandrer, weinend magst
du's lesen,
Selbst die Scheelsucht rühmt's, daß niemand ihm an
Dummheit gleich gewesen!««

Durch die Straßen tönt die Trommel: ein Edikt wird kund
gemacht!
»Abgeschafft sind die Laternen; gänzlich sei's in Zukunft
Nacht!
So wills allerhöchste Gnade, überzeugt aus tiefen Gründen,
Daß das Volk wohl auch im Finstern kann den Weg zum
Munde finden.«

Ew'ge Nacht ist eingebrochen übers ganze arme Land,
Ew'gen Nebels dichte Schleier ruhn darüberhin gespannt;
Mond und Sterne sind erblichen, ein Gestirn doch blieb
noch immer:
Nur das Sternenbild des Krebses, deutungsvoll in fahlem
Schimmer.

Doch vor Sankt Liguoris Kirche, auf der Bank sich streckend
breit,
Ruft ein heil'ger Mann behaglich: Welch ein schöner Tag ist
heut! –
Aber wir verruchten Toten, packend Sarg und Grabgewan-

de,
Tragen sie zu bessrer Ruhstatt fort aus unserm Vaterlande!

Warum?

Seht, sie haben an das Rathaus aufgeklebt ein neu Edikt,
Drauf aus den geschlungenen Lettern noch manch andre
Schlinge blickt;
Ein possierlich kleines Männlein liest's und hält sich still und
stumm,
Unterfängt sich nicht zu murren, leise frägt es nur: Warum?

Auf der Kanzel stöhnt, wie Eulen, wimmernd gegen Sonnen-
licht,
Hier ein Mönch, an dem die Kutte wohl das einz'ge Dunkle
nicht,
Dort ein Abt, an dem der Krummstab wohl nicht alles ist, was
krumm;
Stets gelassen hört's der Kleine, lispelnd leise nur: Warum?

Wenn mit Hellebard' und Spießen sie auf Spatzen rücken aus,
Wenn sie lichtscheu ohne Fenster aufgebaut ihr neues Haus,
Wenn das Schwert, das sie befreite, sie zu Fesseln schmieden
um,
Sieht er's ruhig und gelassen, fragt nur still vor sich: Warum?

Wenn sie mit Kanonen schießen auf die Lerche, leichtbe-
schwingt,
Die, wie ein Gebet der Freiheit, singend durch die Wolken
dringt,
Wenn den Dichtergaul am Markte sie beim Schwanze zäumen
um,
Will er drob sogar nicht lachen, sondern seufzet nur: Warum?

Aus der Sprache garbenreichem unermeßnem Erntefeld
Hat ein einz'ges goldnes Körnlein er sich liebend auserwählt;
Und aus ihrem reichen Meere, rauschend laut um ihn herum,
Fischt er eine einz'ge Perle, nur das Männerwort: Warum?

Doch der weise Rat bescheidet streng vor sich den Mann und
spricht:
»Eurer frevelhaften Frage ziemt, fürwahr, die Antwort nicht!
Unser Tun, es sei dem Volke ein verschlossnes Heiligtum!«

Ruhig hört den Spruch das Männlein, nur bescheiden fragt's:
Warum?

Wütend springen all vom Sessel, daß der Ratstisch taumelt
drein!
In Arrest bei Brot und Wasser ziehn sie den Rebellen ein,
Lassen in den Bock ihn spannen, und in Eisen schließen
krumm:
Doch er duldet's still gelassen, spricht kein Wörtlein als: Wa-
rum?

Morgens muß er gehn zur Beichte, dann aufs Feld im Karren
fort!
Schützen stehn in Reih und Gliede, laden stumm die Flinten
dort:
Feuer! ruft's, die Röhre krachen! Blutig sinkt der Frevler um,
Doch von bleichen Lippen schaurig stöhnt es röchelnd noch:
Warum?

Über seine Leichengrube wälzen sie noch einen Stein,
Dann zum feierlichen Hochamt eilen sie zum Dom hinein,
Brünstig danken sie dem Himmel, daß der Schreier endlich
stumm,
Doch bei Nacht auf seinen Grabstein schrieb ein Schalk das
Wort: Warum?

Sieg der Freiheit.

Freiheit ist die große Losung, deren Klang durchjauchzt die
Welt;
Traun, es wird euch wenig frommen, daß fortan ihr taub euch
stellt!
Mild und bittend sprach sie einstens; eure Taubheit zwang sie
jetzt,
Daß sie in Kanonendonner nun ihr Wort euch übersetzt.

Freiheit, die erkorne Jungfrau, schwingt das Banner unsrer
Zeit;
Daß fortan ihr blind euch stellet, o fürwahr, es hilft nicht weit!
Da ihr nicht gesehn das Banner, als es weiß und rein und hell,
Ei was Wunder, wenn mit Blute sie's gefärbt nun rot und
grell!

Ihr nur habt die schöne Jungfrau mit dem Kriegesgott ge-
paart:
Waffenspiel und Kriegsgewänder sind wohl sonst nicht ihre
Art;
Aber siegen muß sie immer! dies bleibt ihre Art und Macht,
Über Herzen in dem Hause, über Speere in der Schlacht!

Wenn mit Rocken nicht und Spindel, und mit Wort und Bli-
cken süß,
So als erzgeschuppte Pallas mit dem Schwert und Schild ge-
wiß!
Und bei uns auch wird sie siegen, ja ich künd' es laut und frei:
Wunsch und Hoffnung meines Herzens riefen gern den Sieg
herbei!

Dort auf dem vulkan'schen Boden muß wohl ein Vesuv es
sein,
Der die Luft mit Flammenruten wieder fege hell und rein!
Dort auf stürmereichem Meere tobt sich erst das Wetter aus,
Eh' erhellt, gereint, geläutert prangt des Äthers blaues Haus!

Doch in unsrem Rebenlande, hier in milder Blütenau,
Gnügt ein lauer Frühlingsregen, frische Luft und Morgentau!

Fürchtet nicht die edle Gährung; gährt ja doch auch unser Wein,
Daß er zwiefach dann erquicke, doppelt golden, süß und rein!

Nicht das Schwert sei unsre Waffe, nein, das Wort, Licht und Gesetz!
Denn der fröhlich heitre Sieger ist der schönste Sieger stets!
Seht den Lenz, den Freiheitshelden, lernt von ihm es, wie man siegt,
Wenn mit dem Tyrannen Winter er im harten Kampfe liegt!

Winter ist ein Erzdespote, ein gar arger Obskurant,
Denn in seine langen Nächte hüllt' er ewig gern das Land;
Winter ist ein arger Zwingherr; in den eis'gen Felsen fest
Hält des Lebens freiheitlust'ge frische Quellen er gepreßt.

Sieh, im Lager überrumpelt hat den trägen Alten schnell
Jetzt mit seinem ganzen Heere Lenz, der fröhliche Rebell!
Sonnenstrahlen seine Schwerter, grüne Halme seine Speer'!
O wie ragen und wie blitzen Speer und Schwerter ringsumher!

Seine Trommler und Trompeter das sind Fink und Nachtigall,
Seine Marseillaise pfeifen Lerchen hoch mit lautem Schall,
Bomben sind die Blumenknospen, Kugel ist der Morgentau!
Wie die Bomben und die Kugeln fliegen über Feld und Au!

Und den Farbelosen, denen die drei Farben schon zu viel,
Zeigt er keck des Regenbogens ganzes buntes Farbenspiel!
Als Kokarden junger Freiheit hat er Blüten ausgesät,
Ha, wie rings das Land voll bunter, farbiger Kokarden steht!

Rundum hat die Städt' und Dörfer der Rebell in Brand gesetzt:
Ja, im goldnen Sonnenbrande glänzen hell und blank sie jetzt!
Drüber flatternd hoch sein Banner ätherblau und leuchtend weht,
Drin als Schild ein Rosenwölkchen mit der Inschrift: Freiheit! steht.

Hei, der Winter ist geschlagen! und mit seinem Fesselband,
Seinem Froste, seinen Nächten, flieht er fort nun aus dem

Land!
Frei und fröhlich zieht statt seiner rasch der junge Sieger ein
Mit Gesang und grünen Kränzen, Blütenscherz und Sonnen-
schein!

Und in grüne Farbe kleidet er Gebirge, Tal und Hain:
Freiheit geb' ich euch, und Gleichheit! *Gleich beglückt* sollt all
ihr sein! –
Solch ein heitrer Sieg des Lichtes kröne dich, mein Österreich,
Und dem schönsten Frühlingstage werde deine Freiheit
gleich!

Antworten.

»Dichter, bleibe bei deinen Blumen! Nicht an Thronen frech
gemeistert! –
Wenn dich mehr als Blumenkronen eines Fürsten Kron' be-
geistert,
Feire, wie's so manch bescheidner, vaterländ'scher Sänger tut,
Hohe Fest- und Namenstag huldigend mit Sangesglut!«

Hohn bedünkt es mich, den Fürsten sonst zum Ruhme nichts
zu singen,
Als daß sie geboren wurden, und auch Namen gar empfin-
gen!
Buben mögen solches rühmen! Aber schweigen laßt mein
Lied,
Bis es große Taten ragen, Licht und Freiheit strahlen sieht!

»Wie du doch so unerträglich! Freiheit stets, und Freiheit
wieder!
Stets dasselbe Liedlein leiernd! Kennst du sonst denn keine
Lieder?
Willst du winseln nur und klagen, nimm dir doch ein andres
Ziel!
Suche andre Stoff' und Weisen, in der Welt ist Jammers viel!«

Soll ich unser Land wohl schmähen? O kein schönres find ich
wieder!
Soll ich unser Volk verlästern? Das ist treu und gut und bie-
der!
Einen Fehl nur haben beide: daß die Freiheit ihnen fehlt,
Drob das Herz nur *eine* Klage, nur *ein* Lied den Mund beseelt!

»Ei, dein Schmerz sei dir gelassen! Doch was störest du die
andern,
Die zu euren schönen Bergen, duft'gen Wäldern fröhlich
wandern,
An der reifen Saat sich freuend, labend sich am goldnen
Wein?
Was in ihren Jubel rasselst du mit unsern Ketten drein?«

Eben weil in solchem Jubel, zwischen solchem Blütenleben,
Zwischen goldner Saaten Säuseln, zwischen Kränzen duft'ger
Reben,
Unter Bäumen grün und laubig, unter Lerchen leichtbe-
schwingt,
Das Gerassel arger Ketten gar so wunderschaurig klingt!

Hymne an Österreich.

Riesin Austria, wie herrlich glänzest du vor meinen Blicken!
Eine blanke Mauerkrone seh' ich stolz das Haupt dir schmü-
cken,
Weicher Locken üpp'ge Fülle reich auf deine Schultern fal-
len
Blonden Golds, wie deine Saaten, die im Winde fröhlich
wallen.

Festlich prangt dein Leib, der wonn'ge, in dem grünen
Samtgewande,
Dran als Silbergurt die Donau und die Rebe als Girlande;
Leuchtend flammt dein Schild, der blanke, welchem Lerch'
und Aar entsteigen,
Aller Welt von deinem Bündnis mit dem Tag und Licht zu
zeigen!

Farbig ist ein Blumenstrich dir zu Füßen aufgegangen,
Eine Garde stolzer Eichen seh' ich im Gefolg' dir prangen,
Kön'gen gleich in Purpurmänteln deine hohen Berge ragen,
Die als Kronen schmucke Burgen hell im Morgenrote tra-
gen.

Hier bist du die Braut, die heitre unter Blüten an der Quelle,
Kränzend sich mit Perl' und Rose, spiegelnd sich in klarer
Welle!
Dort gleich mut'ger Amazone nach ersiegter Schlacht zu
schauen,
Erzumpanzert und gewaltig, doch voll Schönheit selbst das
Grauen!

Wie im hohen Göttertempel glorreich einst Pallas Athene,
Stehst du da in stiller Weisheit, heil'ger Kraft und milder
Schöne!
Aus den lieben süßen Augen muß ein hoher Geist auch
sprühen,
Unterm üpp'gen schönen Busen dir ein edles Herz auch
glühen.

In der Hand des Wissens Bücher hältst du siegreich aufge-
schlagen,
Wissend, daß, wie deine Saaten, sie manch goldnes Körnlein
tragen,
Daß, wer hat gesunde Augen, Tageslicht vertragen lerne,
Und noch keine Hütt' in Flammen ward gesteckt durchs
Licht der Sterne.

Erz berührt und Stein und Leinwand deine Zauberhand nur
sachte,
Sieh, da als ein Gott lebendig springt der Marmor aus dem
Schachte,
Sieh, da lebt und spricht die Leinwand, fröhlich klingen die
Metalle,
Und der Kunst geweihte Dome ragen hoch zur Sternenhalle!

Freiheit prangt als heil'ge Losung über deinen Friedenshüt-
ten,
Freiheit glänzt auf allen Bannern, drunter je dein Volk ge-
stritten;
Besser als die Händ' in Fesseln taugen dir die fessellosen,
Sei's das Schwert der Schlacht zu schwingen, sei's zu pflü-
cken Friedensrosen.

Doch: Vertrauen! heißt die Fessel, die dir gilt, dein Volk zu
binden,
Und um Brüder sie und Brüder und um Fürst und Volk zu
winden;
Wenn der heil'ge Regenbogen stolz sich wölbt durch Wett-
ergrauen,
Strahlt aus ihm herab das große, schöne, ew'ge Wort: Ver-
trauen!

Drum wohl darfst du stolz und freudig, Austria, dein Haupt
erheben,
Durch der fernsten Zeiten Nebel wird dein Schild noch
glänzend schweben!
Viel hat dich der Herr gesegnet, doch du darfst auch rüh-
mend sagen,
Daß bei dir die edlen Keime reich und herrlich Frucht getra-

gen! –

Also klang jüngst meine Hymne. Sonst, wenn Dichter Hymnen singen,
Glänzt ihr Aug' wie Sonnenjubel, jauchzt ihr Herz wie Harfenklingen?
Doch wie mocht' es denn geschehen, daß ich mußte bei der meinen
So aus tiefstem, vollstem Herzen viel der bittren Tränen weinen?

Sankt Stephans Eid.

Wie die Glocken hell des Morgens heut zu Weißenburg
getönt!
Jetzt ist's wieder still geworden, und der König ist gekrönt!
–
Sieh, nun tritt er aus dem Dome, purpurstrahlend, glanz-
verklärt,
Auf dem Haupt die neue Krone, in der Hand das blanke
Schwert.

Englein schmiedeten die Krone, wie die fromme Sage
spricht,
Aus Demanten sonnenhelle, aus Rubinen morgenlicht!
Doch ein derber Schmied zu Dobschan ließ erglühn am
Flammenherd,
Schlug mit Hämmern auf dem Amboß das gewalt'ge schar-
fe Schwert.

Vor dem Stadttor ragt ein Hügel, dessen Pfade Teppich
schmückt,
Drein des Landes helle Farben, rot und weiß und grün,
gestickt;
Unten harrt der greise Kanzler, hält empor mit stolzem Mut
Hoch das samtne Purpurkissen, drauf des Landes Satzung
ruht.

Rings geschart in weitem Kreise Ungarns edle Völkerkraft!
Hohe bärtige Magnaten mit dem Kern der Ritterschaft,
Äbt' und Bischöf' in den Infuln mit dem Krummstab und
Brevier,
Und des Reiches Bannerträger mit dem flatternden Panier!

Auf den Hügel sprengt der König, jung und blühend, hoch
zu Pferd,
Nord- und südwärts, west- und ostwärts, schwingt er flink
sein blankes Schwert;
Dann, gleichwie ein goldnes Standbild, steht er ruhig fest-
gebannt,

Und empor zum blauen Himmel hebt er feierlich die Hand:

»Sei gegrüßt, mein Volk, und höre! Nimm aus meines Kanz-
lers Hand
Die Geschenke deines Königs, meiner Liebe erstes Pfand!
Freien Willens, freien Herzens geb' ich Freiheit dir und
Recht,
Dem ich mich der erste beuge huldigend als treuer Knecht!

Ich beschwör's beim ew'gen Himmel, der im Sturm selbst
Segen sprüht,
Ich beschwör's beim eignen Herzen, das im Zorn selbst
Liebe glüht,
Nicht zu herrschen blind nach Willkür, nein, nach Recht
und Satzung stets!
Fürsten sind nicht immer weise, nie ein Tor ist das Gesetz.

Und, beim Himmel, aufrecht halten will ich's heilig, fest
und treu,
Nie nach eignem Hirn es deuteln, nach Gelüst es modeln
neu!
Will auch nicht in seiner Klammer halten mehr ein einzler
Stein,
Falle drob doch nicht das ganze wohlgefugte Bauwerk ein!

Wend' es Gott, daß je ich führe in den Kampf fürs Unrecht
euch,
Daß dem Schild des Brudermörders meines Volks Ge-
schichte gleich,
Drauf, so prunkvoll auch das Wappen, grausenhaft ein
Blutfleck spricht!
Keine Träne, keine Quelle wäscht ihn wieder rein und licht!

Ich beschwör' es, zu bewahren glänzend meines Landes
Ruhm,
Blank wie Krieger ihren Panzer, sorgsam, wie ein Heilig-
tum!
Einem garbenreichen Saatfeld ist des Volkes Glück wohl
gleich,
Doch sein Ruhm dem Ätherdome, glanzerfüllt und sternen-
reich!

Ich beschwör's, zu treuem Rate gern mein Ohr und Herz zu
leihn,
Nie des Freien Wort zu fesseln, sei er noch so schwach und
klein!
Nicht in reichen Fürstengärten, wo ihr sie zu finden hofft,
Auf verlaßner, stiller Heide blüht die schönste Rose oft.

Ich beschwör's, mit eurem Gute hauszuhalten karg und
weis',
Dran der Witwe Tränen kleben, und des armen Landmanns
Schweiß!
Wie doch könnte jenem munden noch sein süßer goldner
Wein,
Der die schönste seiner Perlen in den Becher warf hinein?

Ich beschwör's, zu sein ein Vater meinem Volke immerdar!
Haltet nicht dies Herz zu enge für die große Kinderschar!
Vaterherz ist doch an Liebe doppelt groß und reich und
warm,
Zu umschlingen und zu schirmen reicht um all' ein Vater-
arm!«

Längst verweht sind schon die Lüfte, die der Königseid
durchhallt,
Über jene grünen Fluren sind Jahrhunderte gewallt,
Jenes Bollwerk von Vasallen, rings als Riesenwand erhöht,
Ist in Asch' und Staub zerfallen und in alle Wind' gesät!

Doch es wahrt die Burg zu Ofen Stephans Mantel, Kron'
und Schwert,
Wächter, blank in Waffen, schirmen jener Schätze teuren
Wert;
Wenn sie einen König krönen, wird er damit angetan.
Ach, daß man doch Stephans Geiste keine Wächter stellen
kann!

Sieht das Volk dann Stephans Mantel, wünscht es auch sein
Herz hinein!
Sieht sein Schwert es wieder schwingen, – möcht' es doch
sein Arm auch sein!
Sieht es seine Krone blinken, – weckte seinen Geist sie neu!

Hört es Stephans Eidschwur tönen, – hielt ihn jeder auch so treu!

Kaiser Rudolf der Zweite.

»Wohl gestorben ist der Kaiser; denn wie ließ er's sonst geschehn,
Daß im Ratsaal Willkür sitze, führerlos die Völker gehn,
Daß sein Auge blind geworden, taub sein Ohr für unsre Not?
O der Kaiser ist gestorben! Warum hehlt ihr uns den Tod?«

Also vor der Burg des Herrschers rief des Volkes Schar empor.
Sieh, da tritt ein Mann im Purpur nickend zum Balkon hervor;
Herr Rudolfus ist es selber! Schnell doch zieht er sich zurück! –
Daß der Kaiser noch am Leben, ach, bezweifeln kann's kein Blick!

Voll Quadranten, Himmelsgloben prangt im Schloß ein Kämmerlein,
Mit dem weisen Sternendeuter schloß sich dort der Kaiser ein,
Daß der Supplikanten Menge ihre Forschung störe nicht,
Und der Kanzler nicht zur Unzeit bringe lästigen Bericht.

Viel und Wicht'ges gibt's zu schlichten, nach den Uhren muß er sehn,
Horoskope muß er stellen, in den Zauberspiegel spähn,
Güldne Kettlein muß er schmieden, – wo bleibt da fürs Volk noch Zeit? –
Und, fürwahr, in allen Künsten bracht' es Herr Rudolfus weit!

Er entdeckt ein neues Sternbild, – jenen hellen Stern zwar nicht,
Der von Thronen über Völker segnend ausstrahlt mildes Licht! –
Nein, ein Stern am Abendhimmel war es, den sein Auge fand,
Der in seines Astrologen Himmelskarte noch nicht stand.

Er durchsann ein künstlich Uhrwerk, – zwar nicht jene Räderwelt,

Deren regelrecht Getriebe Staat und Volk im Gang erhält, –
Nein, ein seltnes Werk von Rädern, von der Kaiserhand gebaut,
Und mit süßem Glockenklange Tag' und Stunden grüßend laut.

Er erzog sich eine Taube, – zwar die Friedenstaube nicht,
Zwischen Volk und Herrscher schwebend, mit dem Ölzweig, grün und licht, –
Nein, ein weißes Turteltäubchen, das im Lenz er sendet aus,
Daß es frische Zweig' und Blumen bringe in sein finstres Haus.

Ja, er zähmte einen Löwen, – nicht der Völker Zwietracht Leun,
Der, die blut'ge Mähne schüttelnd, seinem Lande mochte dräun! –
Nein, den König heißer Wüste zog geschmeidig er und zahm,
Daß nur aus der Hand des Kaisers er sein täglich Futter nahm. – –

Einst des Abends, noch sein Antlitz zugekehrt dem Sternenreich,
Lag entschlummert in dem Armstuhl Herr Rudolfus, kalt und bleich,
In den Händen, an des Zepters und des goldnen Apfels Stell',
Die kristallne Zauberkugel und ein Fernrohr blank und hell.

Den Verlust empfinden alle, die er vatergleich gepflegt,
Sein Begängnis feiern alle, die er liebevoll gehegt:
Aus den Fenstern stiegt die Taube zu dem stillen Kirchhof hin,
Und zurück dann bringt zur Leiche sie ein Zweiglein Rosmarin.

Fremdem Blick entschwand das Sternlein, seit verlöscht des Auges Brand,
Das allein den kleinen, hellen unter Millionen fand;
Trank und Kost verschmähend streckte auf sein Totenlager bald
Sich der Löwe, seit die Hände, die ihn nährten, starr und kalt.

Gleich dem Herzen seines Meisters will das Uhrwerk nimmer gehn,
Und auf seiner Todesstunde blieb der goldne Zeiger stehn.
Dieses alles ist geschehen, als Rudolfens Geist entschwebt. – –
Nur das Volk alleinig glaubte, daß sein Kaiser fort noch lebt.

Die ledernen Hosen.

Hoch auf seiner Burg in Östreich haust ein lust'ger Ritters-
mann,
Hold des frommen Manns Lutheri neuen Lehren zugetan,
Die aus dumpfen Klostermauern frei und leuchtend einst
entstiegen,
Wie aus schwarzen Felsgeklüften Scharen weißer Tauben
fliegen.

Und sie flogen bald auch siegreich über Östreichs Fluren hin,
Die Verwegnen sah mit Zürnen Kaiser Ferdinandus ziehn,
Und Edikte ließ zermalmend über sie vom Thron er fallen,
Wie von hohen Felsenhorsten Geier mit den scharfen Kral-
len.

Sonntags früh, als die Gemeinde Glockenklang zur Kirche
ruft,
Wallt im grünen Forst der Ritter, freuend sich an Laub und
Duft;
»Wer den Herrn nicht kann im Walde, kann ihn auch im
Dom nicht ehren,
Und wen nicht die frommen Blumen, wird kein Pfäfflein
auch bekehren.«

Sieh, da rauscht' aus Busch und Dickicht stolz ein Edelhirsch
empor,
Doch es streckte schnell zu Boden ihn des Ritters Feuerrohr:
»Wer zu Mittag da des Sonntags seinen Braten will genießen,
Ei, der wird dazu das Wildbret doch wohl auch sich dürfen
schießen.«

Als der Ritter kehrt zum Schlosse, steht der Pfarrer vor dem
Tor,
Stolz, wie im Triumphe, haltend hoch ein Pergament empor:
»Wer des Sonntags, statt der Messe, Feld- und Weidwerks
sich beflissen,
Soll's mit hundert Golddukaten in den Schatz des Kaisers
büßen!

Während Ihr in Wäldern Hirsche, oder Böcke schießt vielmehr,
Ward verkündet von der Kanzel dies Edikt so inhaltschwer.
Mögt verzeihen, edler Ritter, wenn ich's Euch bedauernd sage,
Daß das Meß- und Predigtschwänzen selten goldne Früchte trage!«

»Diesmal,« sprach der Ritter lächelnd, »trug's doch Gold, wenn auch nicht mir!
Doch mir bleibt die Haut des Hirsches: im Edikt steht nichts von ihr!
Heil dem übergnäd'gen Kaiser, der uns doch die Haut will lassen!
Seht, vielleicht zu einem Wamse oder sonst was kann sie passen!« – –

Einst nach Jahren, als der Kaiser heim von ernster Fahrt gekehrt,
Lud er vor den Thron zu Hofe seine Edlen, treu und wert:
Jeder mög' in seinem Kleide dann des Landes Farben führen,
Oder sonst mit seinem schönsten, köstlichsten Gewand sich zieren!

In dem Kaisersaale wimmelt's von Gewändern rot und weiß,
Samt und Perlen, Gold und Demant glühn und strahlen rings im Kreis,
Drüberhin mit Wohlbehagen scheint des Kaisers Aug' zu wallen,
Aber plötzlich ernst und zürnend läßt auf einen er es fallen.

Und er ruft dann halb mit Lächeln, halb mit droh'ndem Ungestüm:
»Seht, ihr Herrn, doch dort den Bauer und sein Hosenungetüm!
Traun, die gelben Lederhosen reichen ihm fast bis zum Kragen!
Freund, warum willst du des Landes oder meine Farb' nicht tragen?«

»Herr, weil Ihr zu oft sie wechselt!« spricht der Ritter drauf

mit Mut,
»Doch des Landes Farben passen für uns Bauernvolk nicht gut!
Vor dem roten grellen Kleide würden scheu uns alle Stiere,
Und das zarte Weiß stets fürchtet, daß es Gras und Laub beschmiere.

In den teuersten Gewändern, Herr, beschied man uns heran,
Drum die köstlichste und schönste meiner Hosen zog ich an,
Denn mit hundert goldnen Füchsen mußt' ich sie Euch selbst bezahlen.
Wer noch kann mit solcher Hose und mit solchem Schneider prahlen?«

Wackrer Ritter, aus dem Himmel blickst du nun auf ird'schen Kram,
Wo so gänzlich aus der Mode deine Lederhose kam,
Wo in Seid' und Samt wir prunken! – Lächelnd doch siehst du die Gecken
Unbewußt, bis an den Kragen, tief in Lederhosen stecken.

Maria Theresia.

Weiße Rosse, ungeduldig, stampfen vor dem Kaiserschloß,
Unten harrt die Staatskarosse und der Diener goldner Troß;
Oben in der Burg Gemächern weilt die junge Kaiserin,
Festlich zu dem Kirchenzuge schmückend sich mit bangem
Sinn.

»Mädchen, gib mir an den Busen jenes Kreuz rubinenrot,
Daß mein Auge sich gewöhne oft zu schauen Kreuz und Not!
Flecht' ins Haar mir jene Perlen, daß sie meinen Blicken fern!
Denn an meines Volkes Tränen mahnen sie mich allzugern!

Lege mir an Brust und Nacken Diamant und Edelstein,
Daß doch etwas an dem Busen sei, nach Fürstenart, von Stein!
Reiche mir den Ring der Liebe, daß sein goldnes festes Band
Vor des schweren Zepters Schwielen schütze meine zarte
Hand!

Drücke meiner Ahnen Krone gut mir in das weiche Haar!
Ach, nicht fest auf jenem Haupte ruht ihr goldner Reif, für-
wahr,
Wo die weiche seidne Locke um den Rang mit ihr noch kriegt,
Und vielleicht in solchem Kampfe wunderbar der Kron' ob-
siegt!

Hefte fest den Purpurmantel! Wie erträgt das schwache Weib
Seine Last, die Heldenmännern niederbog den kräft'gen Leib?
Pagen, faßt die goldne Schleppe! Wohl bedarf ich ja der Hand,
Die mir liebreich tragen helfe meines Purpurs schwer Gewand.

Reicht mir einen blanken Spiegel! – Doch im Glase aufgeglüht
Winkt ein Frühling, der voll Lilien, voll von süßen Rosen blüht!
Ach, der Lenz der waffenlose, mild und lächelnd ist zu sehn,
Wo ein Fels im Morgenrote majestätisch sollte stehn!

Denn ihr finstres ernstes Antlitz schüttelt meine Zeit voll
Schmerz!
Ihren Unmut zu besiegen frommte eine Hand von Erz!
Doch ich kann die finstren Locken und des Grames Faltenspur

Ihr mit weicher Hand gelinde streicheln aus dem Antlitz nur!«

Und es sank ihr auf den Busen eine Träne hell und licht,
Aber unter den Demanten da bemerkte man sie nicht!
Sie doch sah den feuchten Demant auf dem dürftigen Gewand
Jenes armen Manns, der bettelnd an der Kirchenpforte stand.

Tief bewußt der eignen Ohnmacht wallt das schwache schöne
Weib,
Aber sieh, die Kraft der Männer beugt vor ihr den stolzen Leib!
O wie hoch für solche Schwäche der Begeistrung Banner braust,
Doppelt scharf die Schwerter blitzen, doppelt kräftig jede
Faust!

Sein Bild.

Sein Lob ist nicht ein Loblein.
Walter v. d. Vogelweide.

Dicht umwogt von Volkesmenge ragt ein luftig farbig
Zelt;
Ei, was doch die bunte Hülle wohl für einen Schatz ent-
hält?
Birgt sie nicht die schönste Perle, Muscheln gleich, in
schlichtem Schrein?
Hüllt sie nicht das schönste Antlitz wie ein neid'scher
Schleier ein?

Glockenklang, Kanonendonner! – Sieh, des Zeltes Hülle
sank,
Und enthüllt ein riesig Standbild, erzgegossen, hell und
blank!
Wie zur Huld'gung, trat die Sonne jetzt auch aus dem
Nebelflor!
Jauchzend, daß die Sterne bebten, schlug des Volkes Ruf
empor!

Ruhig auf granitnem Sockel schwebt das Kaiserbild voll
Glanz,
Um die Schläfen keine Krone, nur den selbsterrungnen
Kranz!
Hoch zu Roß, das Antlitz lächelnd, und empor die rechte
Hand
Sanft erhoben, wie zum Segen über sein geliebtes Land.

Ja, du bist es, weiser Joseph! – Voll von Kraft und Mark
und Klang,
So im Bilde von Metalle, wie dein Leben all entlang!
Dem getreu und kühn beharrlich, was als edel du er-
kannt,
Und an deinem großen Werke bauend fest mit ehrner
Hand!

Ein Despot bist du gewesen! Doch ein solcher, wie der

Tag,
Dessen Sonne Nacht und Nebel neben sich nicht dulden
mag,
Der zu dunklen Diebesschlüften die verhaßte Leuchte
trägt,
Und mit goldner Hand ans Fenster langer Schläfer rastlos
schlägt.

Ein Despot bist du gewesen! Doch, fürwahr, ein solcher
bloß,
Wie der Lenz, der Schnee und Kälte treibt zur Flucht
erbarmungslos:
Der den ärgsten Griesgram lustig mit dem hellsten Tau
besprengt,
Und mit seinen Festeskränzen selbst den ärmsten Strauch
behängt.

Drum mit Recht gab dir der Bildner Brust und Stirn' und
Hand von Erz!
Aber küssen, brünstig küssen möcht' ich diese Hand von
Erz! –
Doch ich weiß nicht, ist es Laune, ist es kind'scher Unver-
stand,
Aber eine Rose gerne säh' ich in der ehrnen Hand!

All dein Ringen nach dem Lichte, all dein Tun in ernster
Zeit,
Glich's nicht einer Hand von Eisen, die uns eine Rose
beut?
Ein beharrlich ernstes Kämpfen um ein morgenrotes
Land!
Drum, o legt ihm weich die Rose in die harte, ehrne
Hand!

Was er seinem Volk geboten, war's des Frühlings Bote
nicht?
Drum im Kampf er ausgedauert, stammt es nicht aus
Morgenlicht?
Drauf einst unverrückt sein Auge, war's nicht ros'ger
Freiheit Pfand?

Drum die Rose allzugerne säh' ich in der ehrnen Hand!

Ach, es will der Freiheit Rose uns im Garten nicht gedeihn!
Ohne Rose doch kannst nimmer, Erzkoloß, sein Bild du sein!
Nur ein Bildnis unsrer Zeiten dünkst du mir zu dieser Frist,
Dem die ehrne Hand geblieben, doch die Ros' entfallen ist.

Gastrecht.

Alexander Ypsilanti stürzt vom Schlachtfeld kampferhitzt,
Wo die Freiheit ihres Blutes letzten Tropfen hat verspritzt,
Wo er einen hohen Orden sich gewonnen, unbewußt,
Eine schöne Heldenwunde, klaffend vorn an seiner Brust.

So mit stolzer Purpurrose seinen Busen ausgeschmückt,
In der Hand den Stumpf des Schwertes, kampfzerbrochen
und zerstückt
Tritt der Held auf Östreichs Boden, – o beträt' er ihn doch
nicht!
Beut vertrauend uns die Hände, tritt an unsern Herd und
spricht:

»Wenig ist's, darum ich flehe! Gebt mir Linnen zum Verband,
Laßt an eurer Luft mich laben und erfreun an eurem Land!«
Mächt'ger als der Mund des Gastes spricht sein rinnend Hel-
denblut!
Und sie heißen ihn willkommen, und zu bleiben wohlgemut:

»Munkats ist ein hübsches Schlößlein, Luft und Aussicht
schön und rein!
Nur beschränkt euch noch einstweilen auf ein einz'ges Fens-
terlein;
An Verband soll's auch nicht fehlen, der wohl fest und gut
euch paßt,
Scheint er auch zu sein von Eisen, gleicht er auch den Ketten
fast.« –

Durch sein Gitterfenster nieder blickt der Griechenheld aufs
Land,
Das in schwelgerischer Fülle zaubervollen Lenzes stand:
»O wie können Rosen duften, Saat und Frucht noch schwellen
dicht,
Saft'ge Reben lockend winken, wo des Gastes Recht man
bricht?« –

Sieben lange Jahr' in Ketten dort der Leu aus Hellas lag.
Sieh, nun löst man sie, daß wieder frei mit uns er wandeln

mag!
Aber kaum nach sieben Tagen brach der Tod sein Herz entzwei!
Traun, mich dünkt, daß er gestorben wohl an unsrer Freiheit sei!

Alte Geschichten.

In dem Bürgerzeughaus blinkt es von Gewehren mannigfalt,
Waffen aller Zeiten glänzen, wie Annalen der Gewalt;
Stahl an Stahl rings an den Wänden: seltener Tapeten-
schmuck!
Erz auf Erz an Säul' und Decke: wohl ein sondrer ehrner
Stuck!

Manch ein blanker Heldenpanzer, manch ein fürstliches Ge-
wand:
Öde Häuser, deren Eigner ausgewandert aus dem Land!
Manch ein rostend Schwert der Tapfern, manch ein schlank-
gereckter Speer:
Ruder ohne Steuermänner in des Krieges blut'gem Meer!

Bünde von Musketenläufen sind zu Säulen blank gedreht:
Wehe, wenn des Staats Gebäude nur auf solchen Säulen steht!
Bajonett und Säbel formen schwebend dort den Kaiseraar:
Sei nur hier allein von Eisen, hoher Adler, immerdar!

Wenn im Streit der Fürstenrechte Waffen sind der letzte
Grund
Und ihr Kodex Kriegestrommeln, Rechtsfreund der Kano-
nenschlund,
Schwerter ihre Syllogismen, ihr Beweis das Bajonett,
O dann wohnt in diesen Sälen eine ganze Fakultät! –

Horch, vom glatten Marmorpflaster hallt schaulust'ger Frem-
der Tritt!
Sieh das zungenfert'ge Männlein, schreitend stolz als Herold
mit,
Jedem Panzer sein Geschichtchen, jedem hohen Haupt ein
Kleid,
Schlachten jedem Helm und Banner, Helden jedem Schwert
bereit!

Dort die Nische zeigt ein Kästlein, abenteuerlich geschmückt,
Draus, von seinem Rumpf geschieden, hohlen Augs ein
Schädel blickt,

Eine rote Schnur daneben, kündend blutiges Gericht!
Jetzt erfaßt den Kopf das Männlein, hebt ihn hoch empor und spricht:

»Wien, erkennst du diesen Schädel, dem du schaudernd einst gebebt,
Als er Wohnung noch des Geistes, der vernichtet und begräbt?
Kara Mustapha, der Wesir, sank er in Vergessenheit?
Wohl sind's an zweihundert Jahre, wahrlich schon geraume Zeit!

Denkst du's nicht, wie er zerrieben deines Bollwerks treu Gestein,
Wie er's schwur, zu weichen nimmer, bis er zög' in dich hinein?
Und sein Eid, er fand Erfüllung! Doch des Schicksals Spott ist schwer:
Seht, wie er hereingekommen! – Es ist des schon lange her.

Türken rings im Feld gelagert: arge Schnitter unsrer Saat,
Türken rings in Rebenhügeln: karge Winzer, in der Tat!
Gottlob! daß wir jenes Kornes, jenes Weins nicht warten mehr!
Schmal gings da um Trank und Speise! – Ei, das ist schon lange her!

Wien, o Wien, du bist verloren! Weh' dir, tapfre Heldenschar!
Stark wohl war im Wald der Eichbaum, doch der Sturm noch stärker war!
Fest stand der gewalt'ge Felsen, doch gewalt'ger war das Meer!
Wien, o Wien, du bist verloren! – Doch das ist schon lange her.

Sieh, da steigt ein Stern zur Höhe: – die Signalrakete kracht! –
Wird zum lohen Flammenschwerte, fegend rings der Heiden Macht,
Wird zum Regenbogen, kündend heitren Himmels Wiederkehr!
Wien, o Wien, du bist gerettet! – Dessen ist's wohl lange her.

Von den Bergen rauscht und blinkt es, Quellen gleich im
Sonnenstrahl,
Traun, ein Katarakt von Helden, stürzend auf den Feind im
Tal
Wie ein Samum Gottes, jagend ihn als Spreu im Wind umher!
Wien, o Wien, du bist gerettet! – Ja, das ist schon lange her.

Und wie hießen sie, die Sieger, so voll hohem Geist und Mut?
Polen, glaub ich, sind's gewesen, die für uns verspritzt ihr
Blut,
Und ein sichrer Sobieski Steuermann im Kampfesmeer!
Namen sind gar leicht vergessen, – es ist ja schon lange her.

Als er siegreich eingeritten, ward des Volks zu eng der Raum,
Jubel rufend und ihm küssend Hände und des Kleides Saum:
Unsrer Kinder Blut, o Polen, sei euch unsres Danks Gewähr!
Also Wien ihm dankbar jauchzte, – dessen ist schon lange
her!

Drauf der Fürst: Empfangt ein Denkmal dieses Tags aus mei-
ner Hand:
Dieses Schwert, das für euch kämpfte, dies Panier, das für
euch stand!
Polens Adler, Deutschlands Adler, seid geschieden nimmer-
mehr! – –
Seht, dort hängt noch Schwert und Banner, es ist des schon
lange her.

Kaiser Leopoldus tafelnd, warm die Hand dem Polen bot:
»Krone, Reich und Volk gerettet hast du mir aus Kampf und
Not,
Daß gedeihn einst, wachsen, blühen fröhlich mag mein Öster-
reich,
Stark, den eignen Herd zu schirmen und manch lieben
Freund zugleich!

Dir nur dankt es einst mein Enkel, daß sein Arm von Ketten
frei,
Daß er kein beschorner Sklave, kein beschnittner Heide sei,
Daß des alten Gottes Dome noch des Kreuzes Glorie krönt,
Daß sein Wappenaar noch steiget, daß noch seine Sprache

tönt;

Daß, statt schalen Wassers, würzen solch ein Wein noch darf
sein Mahl,
Dessen Goldborns voll ich weihend jetzt dir bringe den Po-
kal:
Polen hoch für jetzt und immer! hoch an Freiheit, Macht und
Ehr'!« –
Also sprach der deutsche Kaiser, – dessen ist's schon lange
her.

Cicero trat von der Bühne, Cicerone aus dem Saal.
Ob das Männchen nie getafelt, horchend, an des Kanzlers
Mahl? – –
Sieh, da schüttelt, gleich als wollte etwas ihm nicht recht zu
Hirn,
Jener gelbe Türkenschädel, voll des Unmuts, seine Stirn;

Gleich als wollt' es wieder fechten, rasselt Sobieskis Schwert,
Rauschend aus dem roten Banner fast der weiße Adler fährt,
Gleich als wollt' er glorreich schwingen sich ins Morgenrot
hinein,
Wie sein Heldenvolk im Kampfe, kraftvoll, mutig und – al-
lein!

Zur Cholerazeit.

Meiner Hoffnung fromme Blume, die ich heimlich nährt' und tränkt',
Hielt in stiller Todesahnung schon ihr rosig Haupt gesenkt;
Lenz und Licht umsonst erharrend, siechte sie schon lebensmatt,
Ach und seine grüne Flagge strich besiegt ihr welkes Blatt.

Dies geschah zur Zeit, als oben sprach der Herr vom Wolkenthron:
»Hast du meines Zornes Boten, Erde, so vergessen schon,
Den verkündet Bluttrabanten, dem gefolgt Brand und Entsetzen,
Daß, nachzitternd noch, du wieder opferst schon den alten Götzen?

Steige, zweiter Engel, nieder ohne Schwert und Blut und Brand!
Schwing' als richtend Schwert ein Füllhorn duft'ger Frücht' in deiner Hand,
Nimm zu Flügeln weiße Blüten, Frühlings Sonnengold zu Locken;
So, moderne Pest, nun walle säuselnd hin auf Zephirs Socken!«

Und der Engel flog vom Osten, wo der Tag wohnt und der Zar,
Stumm uns näher, immer näher, ird'schen Augen unsichtbar,
Seine luft'gen Bahnen zeigte doch auf Erden, Meil' auf Meile,
Der gefallnen Leichen stumme, unabsehbar lange Zeile.

Sommer war's, zum Herbst sich neigend, schöne, klare, sonn'ge Tage;
Sieh, das Volk, hinaus lustwandelt's nach dem Felde, nach dem Hage;
Weh, es zielt mit Sonnenstrahlen jetzt auf euer Herz der Tod!
Weh, es kühlt in Baumesschatten euch des Lebens Schweiß der Tod!

Diesen dürstet, – o wie lieblich dort die frische Quelle singt!
Seht an ihrem Born ihn liegen: Tod ist's, was sie rauscht und
klingt!
Jener Knabe lechzt nach Labung, – Trauben winken wangen-
rot;
Heuer gibt's ein reiches Lesen, doch der Weinstock trägt nur
Tod!

Schwärmerische Seele, wandle nur im süßen Mondenschein:
Aus des Lebens Jammertalen wird dir bald Erlösung sein! –
Greiser Vater, euren Segen, eh' verglüht das Abendrot!
Weh dir, guter Sohn, als Segen quillt aus Vaters Hand dir Tod!

Weiche Kissen, Taftgardinen! Süßen Kuß auf roten Mund! –
Weh', der Kuß des Liebchens siegelt Tod auf deiner Lippen
Rund! –
Reu'ger Sünder, nimm die Hostie am Altar im Kerzenstrahl!
Das Versöhnungsmal der Reue ist dein letztes Abendmahl! –

Zeit der Reu' ist's und Bekehrung; wie das Volk der Priester
rennt!
Todesfeindschaft sucht Versöhnung, Ehebruch und Mord
bekennt,
Alle Sünder tun jetzt Buße; – Lenker meines Volks, nun spürt
Ihr doch auch des Todes Schrecken, der euch bessert, läutert,
rührt?

Siehe, meiner Hoffnung Blume fand ich wieder aufgelebt,
Ihres Blattes grüne Flagge frisch und froh emporgestrebt!
Dies geschah zur Zeit, als mitten unter uns der Engel stand,
Und ich hart an mir das Wehen seines Flügelschlags empfand.

Und es kommt ein furchtbar Sterben. Mit dem Tod wirst du
vertraut,
Daß vorm eignen Spiegelbilde, ist's noch wangenrot, dir graut,
Daß du abends bebst zu Bette, gleich als ob dein Sarg es sei,
Daß sie Graun erfaßt, begegnen sich lebend'ger Wesen zwei.

Tag, was warfst du des Erwerbes Werkzeug aus der Hand so
früh?
»Ach, weil Sarg und weißes Linnen sich erwirbt mit kleiner
Müh!«

Nacht, hast du vergessen Lieder, Knall der Flaschen und Froh-
locken?
»Meine Liebling', all entartet, lauschen nur den Sterbeglo-
cken!« –

Haben meines Volkes Lenker nicht des Engels Hauch gespürt,
Daß am alten Tun sie haften, ungebessert, ungerührt?
Nein, sie stehn wie Marmorbilder, kalt und starr, an einem
Grab;
Ihrer Schilder alte Losung wäscht kein Sturm, kein Regen ab.

Aber als ich nach der Blume meiner Hoffnung wieder sah,
Lag zertreten sie am Boden, todeswelk und farblos da.
Dies geschah zur Zeit, als von uns sich des Engels Flug ge-
wandt;
Wer erharrt es, bis der dritte, fürchterlichste Bot' entsandt?

Einem auswandernden Freunde.

Lebewohl, du lieber Pilger, grüße mir den fernen Strand,
Wo einst Franklin Weisheit säte, Washington einst fechtend
stand;
Deine Seele, rein und edel, bleibe drüben so wie hier,
Nur der Blick, der trübe, werde heitrer überm Meere dir!

Lebewohl! – Dein schönes Auge, ach, nie sah ich's freuden-
hell,
Nur gleich schwarzer Wolke schüttelnd einzle Blitze lus-
tiggrell,
Doch gesenkt sonst immer neigte wehmutvoll und feierlich,
Eine schwarze Trauerfahne, übers Vaterland es sich.

Lebewohl! – Ha, weiße Segel seh' ich schon im Wind sich
blähn,
Seh', umglänzt vom Meeresspiegel, dich an Bord des Schiffes
stehn,
Das, statt Perlen fremder Meere uns zu zollen, jetzt verkehrt
Wohl der schönsten, hellsten eine raubend uns, von dannen
fährt.

Lebewohl! – Gleich Liebesboten tragen flink noch durch das
Meer
Zwischen Schiff und Land die Wellen Abschiedsküsse hin
und her,
Doch es schifft vom Heimatboden nichts mit dir durch Mee-
resflut
Als Erinnerung im Herzen und ein grüner Strauß am Hut.

Und es ist, so will's mich mahnen, dieser Strauß gleich mir
und dir:
Frische Zweige, festgewunden in den Kranz der Frühlings-
zier,
Und entkeimt dem Heimatboden, der ihm Trieb und Blüten
bot,
Und aus dem auch wir gesogen Jugendmut und Wangenrot.

Lebewohl! – Die Mörser donnern! Stolz entschwebt das Schiff

gen West,
Wimpel all und Flaggen deuten, Fingern gleich, die Bahn gen
West.
Mit verschränkten Armen seh' ich an den Mast gelehnt dich
stehn,
Aber gegen Ost dein Auge nach der Heimat Küsten spähn.

Mich bedünkt, es mag das Auge wohl des Herzens Flagge
sein,
Und dein Herz, dies edle Schifflein, darf des Augs Verrat
nicht scheun,
Schwer wohl riß es los die Anker, eingebohrt ans Vaterland,
Und vielleicht noch blieb manch einer hängen fest am heim-
schen Strand.

Drum, o sprich, was lockt dich drüben, das die Heimat dir
versagt?
Ist's des Rechts erhabner Leuchtturm, der dir hell herüber-
tagt?
Ist's der Gnadenort der Freiheit, der Madonna unsrer Zeit?
Hast auch du der großen Wallfahrt gläub'gen Volks dich
angereiht?

Wie der Kreuzespilger Scharen einst gen Zions Trümmerrest,
Wälzt sich jetzt der Völker Heerzug ins gelobte Land gen
West;
Ach, wohl wird's auch euch ergehen, wie sich's jenen einst
begab:
Euer Heiland ist erstanden und ihr trefft ein leeres Grab!

Freund, ich weiß, daß allzu üppig uns der Freiheit Baum
nicht sprießt
Und nur wen'ge der Erkornen mit dem breiten Schirm um-
schließt.
Daß bei uns des Rechtes Wage eben andern Wagen gleicht
Und, nebst Recht und Unrecht, manches andre wägt, was
schwer und leicht.

Aber soll dein Leid dir sänft'gen heulender Huronensang,
Wenn's dem Feuerlied der Freunde nicht beim deutschen
Wein gelang?

Soll den Schmerz dir übertäuben Niagaras Donnerhall,
Wenn's bei sanftem Donaurauschen nicht vermocht die Nachtigall?

Traun, ich fürcht', an keinem Baume in des Urwalds Nachtverlies,
Unmutvoller Argonaute, hängt dir dort dein goldnes Vlies!
Und wenn, was du suchst, du fändest, – kannst du schwelgen im Genuß,
Eingedenk der Schar der Freunde, die daheim noch darben muß?

Eins doch weiß ich, und dies eine gibt mir Kraft und Zuversicht:
Keine Nacht war noch so dunkel, der nicht obgesiegt das Licht,
Keines Winters Eis so feste, daß der Lenz es nicht durchhieb,
Keines Kerkers Wand so ewig, daß die Zeit sie nicht zerrieb!

Ja, ich weiß es, – denn uns allen quillt im Herzen manch ein Quell
Jenes urgewalt'gen Stromes unversiegbar, bronnenhell, –
Segelreich und breit und mächtig durch die Gaun des Vaterlands
Wird der Strom der Freiheit rauschen einst voll Majestät und Glanz!

Ja, ich weiß es, – denn uns allen, tief und stillverborgen, sprüht
Manch ein lichter Funke jenes Morgenrotes im Gemüt, –
Ja, des Rechtes klaren Morgen werden wir noch tagend sehn
Liederreich in ew'gem Frührot über unsern Häuptern stehn!

Dann wallst drüben du am Meere; deiner Sehnsucht schwanker Kahn
Gleitet auf und ab die Wellen, sucht und flieht der Heimat Bahn;
Horch, da klingt's wie Glockenläuten übers Meer von Osten fern:
Das sind unsrer Dome Glocken, grüßend laut den Morgenstern!

Sieh, da wogt zu deinen Füßen rot und röter stets das Meer,
Und im Rosenglanze glühen Flur und Himmel rings umher,
Urwald selbst und Steppe wollen jetzt ein Rosengarten sein:
Das ist unsrer Morgenröte übersee'scher Widerschein!

Und was will dies weiße Segel, schwebend auf der glühnden
Flut,
Wie ein Fürstenbrief der Gnade, der auf rotem Kissen ruht?
Ja es ist ein Brief der Liebe, freud'ger Kunde voll, fürwahr,
Auf des Meeres Purpurkissen reicht der Ost dem West ihn
dar!

Und du wirst die Kunde lesen. Mit entwölktem hellem Blick
Nach dem Vaterland, dem freien, steuerst wieder du zurück;
Aber statt des schwarzgelockten Jünglingshauptes spiegelt
dann
Im Kristalle sich des Meeres ein gebeugter greiser Mann.

Doch was ist dir dann die Heimat, deren Leiden du nicht
littst,
Deren Losung du vergessen, deren Kämpfe du nicht strittst,
Deren Banner du nicht schirmtest, deren Reihn du miedest
längst
Und zu deren Siegesmahlen du, ein fremder Gast, dich
drängst?

Und woran soll dann die Heimat dich erkennen noch als
Sohn,
Fremder Mann, der ihre Sprache spricht entwöhnt, in frem-
dem Ton,
Welch ein Zeichen deiner Abkunft bringst du über Meeres-
flut?
Ist's vielleicht der fahle dürre Strauß auf deinem Pilgerhut?

Dieser Strauß, so will mir's ahnen, wird dann sein gleich mir
und dir:
Altes Reisig, nimmer taugend in des neuen Lenzes Zier,
Längst verdorrt in jener Sonne, die im Ost und West sich
gleicht,
Mir und dir gefurcht das Antlitz, mir und dir das Haupt ge-
bleicht! –

Drum, ein schöner Fruchtbaum, wurzle du im heim'schen
Boden fest,
Bringt er dir auch Frost und Stürme, bringt er doch auch Lenz
und West!
Kreis' ein Schwan der Hoffnung ruhig auf bewegtem
heim'schem Strom,
Trage mit als schmucker Pfeiler an des Vaterlandes Dom!

Weiche nicht von uns, o Jüngling! Laß uns all' in festen Reihn,
Hand in Hand und Herz am Herzen, stehn ein Wall von
Marmelstein! –
Ach, wohl längst schon sieht er nimmer meines Tuches Ab-
schiedswehn,
Mählich dunkelt's, und dem Auge ist das Schiff nicht mehr zu
sehn.

Renegatenspiegel.

Welcher Wind weht, daß mir alles heute kommt so türkisch
vor,
Daß nun als Moschee und Harem ragt Palast und Kirch'
empor,
Daß gemeine Weiden, Pappeln, in Zypress' und Palm' ver-
hext,
Und zum Weichselrohrkolosse mein Zigarrenstümpfchen
wächst?

Glücklich ist des Marktes Springquell, der fast starb an Was-
sernot,
Doch jetzt, orientalisch prasselnd, diamantne Sintflut droht;
Glücklichster doch bist du, Esel, dem Kamel gleich ange-
sehn,
Wähle frei, ob Höcker besser oder lange Ohren stehn?

In der Marmorwanne streckt sich dort der stolze Renegat,
Rosenwasser sprengt ein Diener, andre rings umstehn das
Bad,
Weiße Linnen, duft'ge Salben haltend, stehn sie tiefverneigt,
Harrend stumm, bis ihre Sonne aus des Meeres Becken
steigt.

Den Gebieter hält Behagen bei der Nymphe lang zurück;
Eins nur müht ihn: seinen Rücken wegzudrehn dem Diener-
blick:
Denn ein Mann, der ein gestempelt Eisen trug von ungefähr,
Stieß das glühnde in der Heimat ihm einst drauf von unge-
fähr.

»Dank« so läßt er sich vernehmen – »sei dir, heil'ger Gott,
gesandt, –
Doch nein, Allah dir! – denn also schreibst du dich ja hierzu-
land;
Bei den Wunden des – halt inne! hier heißt's ja: bei Mahoms
Bart!
Spröde Christenzunge, alles ist ja doch nur Redensart!

Heilige Redensart, dir dank ich Ehren, Macht und Goldge-
winn,
Daß des großen Wesirs Liebling, Herz und rechte Hand ich
bin,
Daß ich darf, statt heim'schen Sandes, Paradiesesaun durch-
traben,
Daß mich, statt Teltower Rübchen, Corfus Ananasse laben!

Daß ich, Iman meinem Schützer, Recht und Unrecht darf
bescheiden,
So daß wir vom selben Strauche Ruten oder Kränze schnei-
den;
Wie dem Ungar treu sein Schafpelz, ist das Recht uns ein
Bewährtes,
Rauhes auswärts: Kühlung gibt es, Rauhes einwärts: Wärme
nährt es!

Dank dir, daß du mir die Feder und das Messer schliffst
gleich scharf,
Daß ich mit dem Herrn arbeiten an der Volksbeglückung
darf,
Morgens, eh' wir sie beginnen, den durchlaucht'gen Bart
rasiere,
Abends, wenn wir sie vollendet, Hühneraugen operiere!

Daß ich im Poetenhaine jeden Steg ihm zeigen kann,
Wie gesprochen und gesungen unser junges Turkistan,
Schöne Stellen mit dem Schwarzstift, Schnödes mit dem
Rötel streichend,
Frevelndem Gedankenvolke schnell die rote Schnur darrei-
chend.

Ach, wie ist die Volksbeglückung der Gesundheit auch ge-
deihlich!
Wie seithero Wang' und Waden mir sich runden so erfreu-
lich,
Und ein Bäuchlein schon Besitz nimmt von dem Platz, der
leer sich fand,
Gleich dem led'gen Stuhl Sankt Peters, harrend, daß sein
Papst ernannt!«

Plätschernd steigt er aus dem Bade. Ein Rechtgläub'ger, der da harrt,
Ihn zu salben und zu kleiden, streicht sich stolz den grauen Bart:
»Preis dir, Allah, daß geboren diesen Unhold fremdes Land,
Und kein Mann zu seinem Amte in ganz Turkistan sich fand!«

Unsere Zeit.

Auf dem grünen Tische prangen Kruzifix und Kerzenlicht,
Schöff' und Räte, schwarzgekleidet, sitzen ernst dort zu Gericht,
Denn sie luden vor die Schranken unsre Zeit, die Frevlerin,
Weil sie trüb' und unheildrohend und von sturmbewegtem
Sinn!

Doch es kommt nicht die Gerufne, denn die Zeit, sie hat nicht
Zeit,
Kann nicht stille stehn im Saale weltlicher Gerechtigkeit,
Während sie zwei Stunden harren, ist sie schon zwei Stunden
fern!
Doch sie sendet ihren Anwalt, also sprechend, zu den Herrn:

»Lästert nicht die Zeit, die reine! Schmäht ihr sie, so schmäht ihr
euch!
Denn es ist die Zeit dem weißen, unbeschriebnen Blatte gleich;
Das Papier ist ohne Makel, doch die Schrift darauf seid ihr!
Wenn die Schrift nicht just erbaulich, nun, was kann das Blatt
dafür?

Ein Pokal durchsicht'gen Glases ist die Zeit: so hell, so rein!
Wollt des süßen Weins ihr schlürfen, gießt nicht eure Hefen
drein!
Und es ist die Zeit ein Wohnhaus, nahm ganz stattlich sonst
sich aus,
Freilich seit ihr eingezogen, scheint es oft ein Narrenhaus.

Seht, es ist die Zeit ein Saatfeld; – da ihr Disteln ausgesät,
Ei, wie könnt ihr drob euch wundern, daß es nicht voll Rosen
steht?
Cäsar ficht auf solchem Felde Schlachten der Unsterblichkeit,
Doch auch Memmen, zum Entlaufen, ist es sattsam groß und
weit.

Zeit ist eine stumme Harfe; prüft ein Stümper ihre Kraft,
Heulen jammernd Hund und Kater in der ganzen Nachbar-
schaft! –
Nun wohlan, so greift begeistert, wie Amphion fest darein,

Daß auch Strom und Wald euch lausche, Leben fahre in den Stein!«

Die Ruinen.

»Wien, tu Buß'! es naht die Stunde, wo dein Bau in Trümmer
fällt,
Deine Zinnen gleich der Erde und kein Stein am andern hält!«
Also rief ein Mann am Marktplatz, und wir lachten laut ihn
aus,
Aber den Propheten sperrte eilend man ins Narrenhaus.

Doch bei stiller Nacht umwogte mir das Aug' ein seltner
Traum.
Ich bewohnt' auf einem Berge einer Hütte dürft'gen Raum,
Mir zu Füßen weithin dehnte sich die Kaiserstadt umher,
Doch in Schutt und Staub zerfallen, ein gewalt'ges Trüm-
mermeer!

Horch, an meine stille Pforte pocht des Fremdlings Schaulust
an,
Daß ich ihr, für dürft'ge Gabe, Führer durch die Trümmer-
bahn,
Deuter sei zerfallner Größe, wo ein jeder Stein und Staub
Mahnend spricht von schönen Tagen, wie vom Lenz das dür-
re Laub. –

Herr, gebt acht, daß eine Schlange plötzlich aus dem Schutt
nicht blitzt!
Seht Euch vor, daß Ihr die Glieder nicht am Dorngestrüpp
dort ritzt!
Reicht mir jetzt die Hand! Beschwerlich steigt durchs Schutt-
geröll sich's hier!
Auf dem Trümmerhügel finden doch ein bißchen Aussicht
wir!

Seht euch um, ob's einem Buche hoher Psalmen hier nicht
gleicht,
Dran die Zeit das Blatt zermorschte und die ganze Schrift
gebleicht,
Hier und dort nur blieben Wände, wie manch einzeln lesbar
Wort,

Und gleichwie ein einzler Buchstab eine Säule hier und dort.

Ratet doch, wo jetzt wir stehen? – Ei nun, auf dem Stephan-
sturm!
Von der hohen Himmelspappel, die gefällt der grimme
Sturm,
Ist's zwar nur der niedre Strunk noch, der im Boden wur-
zelnd steht;
Denn der Stamm, die Zweig' und Blätter liegen rings als
Schutt gesät!

Schlank und stolz einst, wie die Pappel, stieg in Wolken er
hinein,
Leichtes Ast- und Laubwerk formte Menschengeist aus sprö-
dem Stein!
O wie zwischen Zweig' und Blättern, hoch mit lautem, hellem
Schall
Oben die gewalt'ge Glocke schlug als Riesennachtigall!

Seht den Stein, bemoost am Boden! Wer wohl nähm' an ihm
es wahr,
Daß er Bruderschaft und Zwiesprach hielt in Lüften mit dem
Aar!
Doch im Raum noch, wo der Äther tausend Jahr' fast nicht
gekreist,
Ragt als leise lichtre Säule, sichtbar kaum, des Turmes Geist!–

Hebt empor Euch auf den Zehen! Könnt Ihr jene Eichen sehn,
Die wie Reihn von Grenadieren jenseits an der Donau stehn?
Herr, das hießen sie den Prater! Gegen jeden Schmerz und
Tort
Wuchs dem guten heitren Völklein als Arznei ein Kräutlein
dort.

Gegen bittrer Sorgen Wermut: dort des süßen Weines Trost!
Gegen Kapuzinerpredigt: des Hanswursts gesunde Kost!
Gegen Finsternis von oben: dort von oben Sonnenschein!
Gegen düstre Gaunereien: fröhlich heitre Gaukelein! –

Laßt uns fort nun, aber sachte durch die wilden Rosen gehn,
Daß wir nimmer sie zertreten! Rosen stehn selbst Trümmern
schön!

Schutt auf Schutt! – So mag's geschehen, daß wir ließen unge-
grüßt
Manch ein Grab, das unsrer Liebe, unsrer Tränen würdig ist!

Schnell vorbei an den zerfallnen Wohnungen der Gleißnerei!
An gewaltiger Paläste stolzem Wracke schnell vorbei!
Dessen Überrest zu stürzen, so wie seine Herren droht,
Deren ganzes langes Leben nur ein Warten auf den Tod!

Dort aus hohem Fenster nieder blickt des Efeus dicht Ge-
sträuch,
Wie einst draus der Kanzler blickte, dessen Tun dem Efeu
gleich:
Schlingkraut nur, das morsche Wände mühsam wohl zu-
sammenhält,
Aber nie voll edler Blüten, eigner freier Früchte schwellt!

Dort die Trümmer eines Klosters! – Aber laßt uns schnell
vorbei!
Denn wer weiß, ob in die Steine nicht ein Geist gefahren sei
Jener Männer, die im Weltall dulden ihre Art allein,
Und wir so in Stein urplötzlich könnten nicht verwandelt
sein!

Seht das Grabgewölb' der Kaiser, wo, von Mönchen treu be-
wacht,
Sie im Bett metallner Särge schlafen durch die ew'ge Nacht!
Seht dort in der Kutte sitzen das Gerripp' mit weißem Bart!
In der letzten Wächterstunde schlief's wohl ein nach Wäch-
terart!

Friede diesen dunklen Hallen! Traun kein schmähend, lieblos
Wort
Trüb' als böser Hauch der Särge blanke Kupferspiegel dort!
Rosen blühn ins Fürstenleben ja so selten nur hinein,
Höchstens ihre Särge schmückend, und selbst da – aus Erz
und Stein!

Jene mächt'gen Fundamente, deren Quadern rings zerstückt,
Als Palast der Landesväter ragten einst sie reich geschmückt;
Ach, es mag so mancher meinen gut sein Vateramt bestellt,
Wenn er nur ein Volk von Männern, Kindern gleich, in Win-

deln hält!

Wie gekrümmt Gewürm und Eidechs durch den Schutt jetzt
kriecht und steigt,
Kroch einst zwischen diesen Steinen Schranzenbrut, schmieg-
sam verneigt!
Krumme Rücken rings und Kratzfuß! Ei was Wunder, wenn
am End'
Selbst die alten Mauern machten tief ihr furchtbar Kompli-
ment!

Seht den Steinblock! Josephs Namen trägt noch der geborstne
Schild;
Längst von den granitnen Stufen fiel das ehrne Reiterbild,
Das gekrönt mit ew'gem Kranze glänzend einst und glorreich
stand,
Ein geliebter heil'ger Lare dieser Stadt und diesem Land!

Die gebaut dies Mal der Ehren, dünken mir dem Sünder
gleich,
Der am Kirchenaltar opfert ein Votivbild, schmuck und reich,
Wähnend, daß nun desto freier lustig sünd'gen in den Tag
Und, was stets sein Heil'ger haßte, ungestraft er treiben mag!

Ach, sie haben arg gesündigt, diesen Heil'gen schwer verletzt,
Aus den Trümmern seines Domes ihm solch ärmlich Mal
gesetzt! –
Herr verzeiht, wenn ich nur Trübes rings erblickte immerdar!
Wer das Auge hat voll Tränen, ach, der sieht nicht immer
klar! – –

Da erwacht' ich aus dem Traume, und von Trümmern sah ich
nichts,
Golden schien durch meine Fenster heitrer Gruß des Morgen-
lichts,
Kirchen und Paläste ragten hoch und fest im jungen Tag!
Ei, warum nur noch die Träne mir nicht aus dem Auge mag?

An den Kaiser.

Vor den Thron des Hochgewalt'gen tritt nun frei und kühn
mein Lied,
Vor den Herrscher, dem ein dreifach Kronenband die Stirn
umzieht:
Jene alte goldne Krone, deren Glanz, bevor sie sein,
Durchgewallt von Haupt zu Haupte seiner Ahnen lange
Reihn;

Jene schöne Silberkrone, deren schützend Zauberband
Um des Greises Haupt das Alter weiß und rein und heilig
wand;
Und die dritte, schönste Krone, die ihm milde Güte flicht,
Segensreich wie Frühlingshimmel, hehr wie leuchtend Mon-
denlicht!

Scheu und fern den Königssälen keimt' und wuchs und
blüht' mein Lied,
Weil das Kind des freien Äthers bang des Zwanges Woh-
nung flieht;
Aber Kronen, so wie diese, bannen, schrecken es wohl nicht,
Nein, sie winken mild und freundlich, und so tritt's vor ihn
und spricht:

»Herr, du warst einst bang und traurig, und gebrochen war
dein Herz,
Da erschlossen unsre Herzen reich und warm sich deinem
Schmerz!
Lasse jenes Hochgewitters gern dich mahnen immerdar,
Da es hell den Regenbogen unsrer Liebe dir gebar!

Herr, du standst beraubt des Schildes, waffenlos und unbe-
wehrt,
Da erstand die Kraft des Volkes, Mann an Mann, und
Schwert an Schwert!
Rings um dich sahst du's im Kreise wie ein Feld voll Garben
stehn,
Das der nächste Lenz erneute, wenn im Herbst du's ließest

mähn!

Herr, du warst einst arm und dürftig! Sieh, da boten freudig dir
Väter ihrer Kinder Erbe, Jungfraun ihre goldne Zier;
Alles gab das Volk dir gerne und behielt nur jenes Gold,
Drin sich seine Berge sonnen, das in seinen Herzen rollt.

Jetzt sind wir verarmt und dürftig, wehrlos und gebeugt von Schmerz!
O erschließe warm und freudig du dem Volke jetzt dein Herz!
Gib ihm Waffen, helle, scharfe: offnes Wort in Schrift und Mund!
Gib ihm Gold, gediegnes, reines: Freiheit und Gesetz im Bund!

Deine Lande stehn voll Segen, reich und schön wohl ringsumher,
Frei und reich in goldnen Wogen rollt der Saaten weites Meer,
Sieh, wie stolz die Wälder rauschen, wie die Reben saftig glühn,
Voll Metall die Berge ragen, segelreich die Ströme ziehn!

Und dein Volk, wie ganz dem Boden, nur an Freiheit, ach, nicht gleich!
Sieh die edlen Keim' und Blüten, so gesund, so schön und reich!
Herr, sei du der Frühlingsodem, welcher frei sie wachsen heißt!
Sei die Sonne, die sie reifet und darüber segnend kreist!

O dann wird das Volk auch blühen, wie die Fluren ringsumher,
Und sein Geist wird Ähren tragen, innren Marks und Kernes schwer,
Wie die Rebe wird er sprießen, die sich frei und fröhlich schlingt,
Und wohl auch als Hochwald grünen, der manch Blatt zum Kranz dir bringt!

Herr, gib frei uns die Gefangnen: den Gedanken und das
Wort! –
Sieh, es gleicht der Mensch dem Baume, schlicht und
schmucklos grünt er fort;
Doch wie schön, wenn der Gedanke dran als bunte Blüte
hängt,
Und hervor das Wort, das freie, reif als goldne Frucht sich
drängt!

Und es gleicht der Mensch dem Strome, unbelebt und öde
nur
Eine tote Wasserheide dehnt er flach sich durch die Flur;
Doch wie herrlich, wenn darüber frei und fröhlich her und
hin,
Die Gedanken gleichwie Schifflein und wie Silberschwäne
ziehn! –

Herr, es strahlt vor deinen Augen eines Doms gewalt'ger
Bau,
Dessen Turm, ein frommer Riese, hoch durchragt des Him-
mels Blau!
Und dein Volk war's, das ihn baute! Welches mag die Deu-
tung sein?
Ei, wir finden in den Himmel selber wohl den Weg hinein!

Deiner Kaiserstadt nicht ferne liegt ein Schlachtfeld, weit und
groß,
Wo für dich, für Land und Freiheit deines Volkes Blut einst
floß;
O beim Himmel, wessen Herzen für dich bluten du gesehn,
Dessen Geist wird wahrlich nimmer gegen dich in Waffen
stehn!

Freies Blut düngt jene Fluren; Herr, wie mocht' es denn ge-
schehn,
Daß sie nicht schon längst voll Rosen heil'ger Freiheit üppig
stehn?
Einem Meer gleicht jene Ebene; welch ein seltner Sternenlauf,
Daß das Morgenrot der Freiheit draus nicht längst schon
stieg herauf?

O gib frei uns den Gedanken und auch seinen Freund: das
Wort!
Denn es sind gar wackre Gärtner für die Rosenkeime dort;
Zu den Lorbeern und den Palmen, die dein greises Haupt
umwehn,
Müßten gut und schön die Rosen jugendlicher Freiheit stehn!

Frei das Wort, frei der Gedanke! Wackre Schiffer sind es
schier;
Will nicht aus dem Meer die Sonne, segeln sie entgegen ihr!
Bald dann flammt die Morgenröte, und es klingt in ihrem
Schein
Mehr als *eine* Memnonssäule hell durchs Land, und voll und
rein!« –

Also spricht das Lied, das freie. Vater Franz, du zürnest
nicht,
Daß dir's nahte ungemeldet, ungefragt es zu dir spricht;
Sieh, es ist die Frühlingsschwalbe, die an deine Fenster pickt,
Und auch ungefragt dich mahnet, wie die Freiheit hoch be-
glückt!

Epilog.

(*März 1835.*)

Frühlingsluft weht allbelebend!
Frühlingsschwalb' ist heimgereist,
Hat, ob Wiens Palästen schwebend,
Schon die Kaiserburg umkreist;

Pickt die Spiegelscheibe leise,
Da sie einmal schon gepickt,
Draus der Kaiser sonst, der greise,
Auf sein Volk und sie geblickt.

Doch sie sieht dies Antlitz nimmer
Mit des Munds schalkhaftem Scherz,
Mit des Augs gutmüt'gem Schimmer, –
Oft doch hart und kalt wie Erz.

Stumm des Jubels Hochgewitter,
Dieses Mannes stet Geleit!
Stumm doch hinter manchem Gitter
Auch das Murren böser Zeit!

Frühlingsschwalbe sei kein Richter,
Urtel nicht ihr Frühlingsgruß;
Doch sie ist Prophet und Dichter,
Der versöhnen, warnen muß.

Zu des Grabgewölbes Hallen,
Das des Greises Asche barg,
Läßt sie ihre Schwingen wallen,
Zu dem ehrnen Kaisersarg.

Frühlingsgruß will sie ihm bringen;
Doch, gestreift vom Flügelschlag,
Tönt von einem Lenz sein Klingen,
Den sie selbst nur ahnen mag.

Nicht der Schlaf des Kaisersprossen,
Höhres heiligt diesen Raum:
In dem Katafalk verschlossen

Ruht der deutschen Einheit Traum.

Denn in dieses Greises Haaren
Lag zuletzt der Reif von Gold,
Der die deutschen Fürstenscharen
In ein Volk verbrüdern sollt'.

Und in diesem ehrnen Bette
Schläft der Mann, des Herz allein
Deutschlands Herz war, oder hätte
Deutschlands Herz doch sollen sein.

O daß bei den Leichenkerzen
Fürsten all im deutschen Land
Über diesem heil'gen Herzen
Sich zum Bund gereicht die Hand!

Laßt in diesem Sarg verschlossen
Deutscher Einheit alten Traum;
Wahrer Einheit, ihr Genossen,
Breitet sich ein größrer Raum!

Denn als Herold mit dem Stabe,
Der das Wappenschild zerbrach,
An des letzten Kaisers Grabe
Ein Jahrtausend stand und sprach:

»Lernt, daß euer Heil geschmiedet
An ein einzeln Haupt nicht sei!
Daß ihr Schein vom Wesen schiedet,
Brach ich das Symbol entzwei.

Um des Reichs Kleinode lodre
Nimmer Aachens, Nürnbergs Zank:
Stol' und Gurt im Schreine modre,
Karols Degen rost' im Schrank.

Denn ein schönres Schwert gezogen
Hat der freien Männer Hand;
Aller Schultern soll umwogen
Deutscher Herrlichkeit Gewand.

Euer Hoffen, euer Sehnen
Hat kein einzler ganz vollbracht;

Drum euch all will ich belehnen
Mit des Reiches Glanz und Macht.

Denn in allen deutschen Adern
Flammt der Purpur, der nie bleicht;
Eure Herzen sei'n die Quadern
Jenes Baus, des Grund nicht weicht.

Und ihr alle seid berufen
Mitzubaun am großen Bau,
Ihr am Thron, ihr an den Stufen,
Ob das Röcklein weiß, ob blau.

Und ihr Priester, Redner, Lehrer,
Streut die Saat mit kluger Hand,
Pflanzt, des Reiches wahre Mehrer,
Lieb' und Recht fürs deutsche Land!

Daß die Größen eurer Helden
Nie auf deutschen Nacken stehn,
Daß von deutscher Schmach nie melden
Eure deutschen Siegstrophän.

Daß nicht Krämerellen messen,
Was ein großes Herz nur mißt;
Und nicht Fürsten leicht vergessen,
Was ihr Bürger schwer vergißt;

Nicht den Wandrer Pfahl und Schranke,
Wie so klein die Ländchen, mahnt,
Daß sein einziger Gedanke:
Wie so groß das deutsche Land.

Daß wo euch der Glauben schiede,
Euch vereine Deutschlands Schild;
So verschmilzt ein Liebesfriede
Blond und Schwarz, und Streng und Mild.

Daß der Baum der freien Rede
Frucht im Nord und Süden bringt;
Rheingott nicht bedroht mit Fehde,
Was die Donaunymphe singt.

Bund und Eintracht erst vereine

Eure tausend Schulzen fein,
Dann ein Leichtes wird's, ich meine,
Mit den dreißig Fürsten sein.« –

Doch zur Gruft hinab selbst dringen
Frühlingsstimmen, Frühlingsduft;
Wundervolle Lieder klingen
Grüßend, hoffend durch die Luft.

Doch auch niegehörte Töne
Jauchzt ein kühnres Sanggeschlecht;
Das ist eben Frühlings Schöne!
Freiheit ist des Lenzes Recht.

Schwalbe sagt Lebwohl dem Toten,
Schwingt sich in das Blau hinein;
Wo es lenzt, wird sie entboten,
Mit dem Frühling muß sie sein.

Über tredition

Eigenes Buch veröffentlichen

tredition wurde 2006 in Hamburg gegründet und hat seither mehrere tausend Buchtitel veröffentlicht. Autoren veröffentlichen in wenigen leichten Schritten gedruckte Bücher, e-Books und audio-Books. tredition hat das Ziel, die beste und fairste Veröffentlichungsmöglichkeit für Autoren zu bieten.

tredition wurde mit der Erkenntnis gegründet, dass nur etwa jedes 200. bei Verlagen eingereichte Manuskript veröffentlicht wird. Dabei hat jedes Buch seinen Markt, also seine Leser. tredition sorgt dafür, dass für jedes Buch die Leserschaft auch erreicht wird.

Im einzigartigen Literatur-Netzwerk von tredition bieten zahlreiche Literatur-Partner (das sind Lektoren, Übersetzer, Hörbuchsprecher und Illustratoren) ihre Dienstleistung an, um Manuskripte zu verbessern oder die Vielfalt zu erhöhen. Autoren vereinbaren direkt mit den Literatur-Partnern die Konditionen ihrer Zusammenarbeit und partizipieren gemeinsam am Erfolg des Buches.

Das gesamte Verlagsprogramm von tredition ist bei allen stationären Buchhandlungen und Online-Buchhändlern wie z. B. Amazon erhältlich. e-Books stehen bei den führenden Online-Portalen (z. B. iBookstore von Apple oder Kindle von Amazon) zum Verkauf.

Einfach leicht ein Buch veröffentlichen: **www.tredition.de**

Eigene Buchreihe oder eigenen Verlag gründen

Seit 2009 bietet tredition sein Verlagskonzept auch als sogenanntes "White-Label" an. Das bedeutet, dass andere Unternehmen, Institutionen und Personen risikofrei und unkompliziert selbst zum Herausgeber von Büchern und Buchreihen unter eigener Marke werden können. tredition übernimmt dabei das komplette Herstellungs- und Distributionsrisiko.

Zahlreiche Zeitschriften-, Zeitungs- und Buchverlage, Universitäten, Forschungseinrichtungen u.v.m. nutzen diese Dienstleistung von tredition, um unter eigener Marke ohne Risiko Bücher zu verlegen.

Alle Informationen im Internet: **www.tredition.de/fuer-verlage**

tredition wurde mit mehreren Innovationspreisen ausgezeichnet, u. a. mit dem Webfuture Award und dem Innovationspreis der Buch Digitale.

tredition ist Mitglied im Börsenverein des Deutschen Buchhandels.

Dieses Werk elektronisch lesen

Dieses Werk ist Teil der Gutenberg-DE Edition DVD. Diese enthält das komplette Archiv des Projekt Gutenberg-DE. Die DVD ist im Internet erhältlich auf **http://gutenbergshop.abc.de**

Zeitfracht Medien GmbH
Ferdinand-Jühlke-Straße 7
99095 Erfurt, Deutschland
produktsicherheit@kolibri360.de